LITERATUR FÜR HOCHSTAPLER

Felix Krull

Literatur
Schnellkurs für Hochstapler

mit
Mustersätzen, Checklisten, Merksprüchen,
einem kleinen rethorischen Grundkurs,
einem Abzählvers zur Früherkennung von ernsthaften Literaten,
Tips, Tricks . . . und jede Menge Anmerkungen

Eichborn Verlag

CIP-Titelaufnahme der Deutschen Bibliothek

Krull, Felix:

Literatur : Schnellkurs für Hochstapler/ Felix Krull. – Frankfurt am Main : Eichborn, 1989
    ISBN 3-8218-1271-0

©Vito von Eichborn GmbH & Co. Verlag KG, Frankfurt am Main, September 1989.
Umschlaggestaltung: Uwe Gruhle. Gesamtherstellung: Fuldaer Verlagsanstalt GmbH.
ISBN 3-8218-1271-0.
Verlagsverzeichnis schickt gern:
Eichborn Verlag, Sachsenhäuser Landwehrweg 293, D-6000 Frankfurt 70

F.K.
Schriften zur Ästhetik

Teil IV

Wenn man mit diesem Buch nicht gerne gesehen werden möchte: einfach in einen neutralen Umschlag (grau wäre gut, aber kein Umweltschutzpapier!) einschlagen, Etikett ausschneiden und vorne aufkleben – fertig!

B u c h r ü c k e n nicht vergessen!

F.K. Schriften zur Ästhetik, Teil IV

INHALT

I. EINFÜHRUNG IN DIE KUNST DES HOCHSTAPELNS

Indem ich die Feder ergreife, kommen mir schon die ersten Zweifel: Bin ausgerechnet ich der richtige, so ein Buch zu schreiben? Habe ich überhaupt genug gelesen? Oder vielleicht schon zu viel? Wie auch immer: Zweifel gibt es in jedem Fall. Und irgendwie geht es allen so: Bei Literatur denkt man immer, daß da noch was ist, was man eigentlich wissen müßte. Man denkt immer, daß man gerade wieder was verpaßt hat. So viele Bücher gibt es, die man gelesen haben sollte, ja, vielleicht sogar tatsächlich immer mal lesen wollte, aber ... Und so viele Gelegenheiten, bei denen man nun fürchten muß, sich zu blamieren.

Damit ist jetzt Schluß!

Wir müssen uns unsere Zweifel nicht mehr anmerken lassen. Denn – ehrlich gesagt – kommt man mit Zweifeln nicht sehr weit, und mit Ehrlichkeit, fürchte ich, auch nicht. Jedenfalls nicht als Hochstapler. Auch ich werde mir meine Zweifel, von denen ich natürlich genauso heimgesucht werde, nicht weiter anmerken lassen.

Ab jetzt tun wir einfach, als hätten wir alles gelesen. Alles! Sogar mehrmals. Wir haben dermaßen viel gelesen, daß wir schon einige Einzelheiten wieder vergessen haben, macht aber nichts, bei nächster Gelegenheit wollen wir das gerne nochmal lesen, aber gerne ... wir scheuen doch keine Mühe. Wir tun jedenfalls so. Das kann man lernen.

> **Wir lernen so zu reden,**
> **als hätten wir alles gelesen.**

Dazu gibt es kleine Mustersätze – kein Problem.

Naja, *alles* haben wir natürlich auch nicht gelesen. Nur alles, was *wichtig* ist. Also müssen wir zuerst lernen, die wichtige Literatur zu erkennen. Dazu gibt es Checklisten. Es kann gar nicht viel schief gehen. Unwichtige Literatur werden wir einfach ignorieren. Wir müssen immer nur darauf achten, das soziale *Prestige* richtig einzuschätzen, aber das kriegen wir schon noch hin.

Heute ist es schlicht und einfach notwendig, zum Hochstapler zu werden, leider, aber so ist es nun mal, gerade auf dem Gebiet der Literatur. Hier sind inzwischen fast alle Hochstapler, und alle sehen in der Literatur vor allem ein Prestigeobjekt, mit dem sie angeben können. Da dürfen wir einfach nicht mehr länger zurückstehen.

Ein paar der kleinen Tricks und einige der Grundregeln des Hochstapelns sollten wir schon kennen.

Voilà!

Die »klassische« Methode

Fangen wir gleich mit einer Kleinigkeit an, die uns helfen kann, ein sicheres Auftreten zu gewinnen: Wir sagen niemals so etwas wie »Äh, ich hätte da noch eine Frage«, sondern: »Ich habe eine Frage«. Falls wir es überhaupt sagen müssen; denn es ist immer besser, nicht noch mal extra dazuzusagen, was man gerade macht. Gerade diese sogenannten *deiktischen* Wendungen können leicht den Eindruck von Unsicherheit aufkommen lassen, besonders wenn noch »wäre«, »könnte«, »hätte« und »vielleicht« dabei sind. Ist es doch geradezu zum Inbegriff des Psycho-Gelabers geworden, immer noch mal zu kommentieren, was man gerade tut. Wir kennen diese Leute doch. Es sind die, die einfach zu sehr daran gewöhnt sind, sich ständig selbst zu beobachten, ständig *ein Stück weit* neben sich zu stehen, und die dann statt »Mensch, tut mir leid«, sagen: »Oh, da muß ich mich aber entschuldigen, ja, da entschuldige ich mich auch . . . « und so weiter. So also nicht.

Oder denken wir an Helmut Kohl. Wie oft haben wir schon aus seinem Munde einen Satz gehört wie: »Aber, meine sehr verehrten Damen und Herren, da kann es doch überhaupt keine Zweifel geben.« Und? Haben wir nicht sofort den Verdacht, daß es doch jede Menge Zweifel gibt und er sie auch alle kennt? Irgendwie macht es den Eindruck, als hätte er im Rethorik-Nachhilfekurs nicht richtig aufgepaßt. So geht es natürlich nicht. Man darf nie *sagen*, daß es keine Zweifel geben kann und man ganz sicher ist – die andern müssen es *selber merken*. Lassen wir ihnen doch die Illusion, daß sie von selbst drauf gekommen sind, schließlich hängen die Leute an ihren eigenen Ideen bzw. an dem, was sie dafür halten. Zumindest sollten sie immer im Stillen denken: stimmt, den Eindruck hatte ich auch schon.

Vielleicht haben Sie schon von einem Buch gehört, das inzwischen – natürlich – verboten wurde; ein Buch nämlich, das Tips gibt, wie man den Hausarzt dazu bringt, einen krank zu schreiben. Da geht man auch nicht einfach hin und sagt: »Schreiben Sie am besten, ich hätte Migräneanfälle«, sondern man gibt wohldosierte Informationen, bis der Arzt plötzlich weise nickt und sagt: »Ja, ich glaube, ich weiß schon, was Sie da haben.« Eben. So macht es der Hochstapler.

**Die »klassische« Methode:
Nicht selber sagen, sondern merken lassen!**

Mit einer Kleinigkeit, habe ich gesagt, wollten wir anfangen, doch so klein war die Kleinigkeit gar nicht. Unser Grundsatz nämlich, nie direkt zu sagen, was wir wollen, sondern eine Show hinzulegen, aus der die andern dann schon ihre Schlüsse ziehen werden, ist zugleich ein Prinzip der Literatur.

Dort nennt man es *showing and telling*; oder wie es Büchner mal gesagt hat, was in etwa auf dasselbe hinausläuft, man müsse »gestalten statt beschreiben«; und ein bißchen davon findet man immer noch, wenn man ausnahmsweise doch mal in den Feuilletonteil einer Zeitung blickt und da lesen muß: »Der Autor *behauptet* nur und stellt nicht dar«, oder: »Er *räsoniert* und *diskreditiert* nur, ohne richtig zu beobachten.« Eben. Sie machen halt alle denselben Fehler: Sie sagen es selber, statt es die andern merken zu lassen.

Wir machen das nicht. Und wir stellen mit Genugtuung fest, daß wir mit unser »klassischen« Methode auf dem Gebiet der Literatur genau richtig liegen.

So sagen wir nicht, daß wir sicher sind. Wir sagen nicht, daß wir gut sind, daß wir allerhand auf dem Kasten haben. Lassen wir uns nie verleiten, mit unseren (nicht vorhandenen) Kenntnissen aufzutrumpfen! Fangen wir gar nicht erst an, aufzuzählen, was wir alles (angeblich) gelesen und welche Qualifikationen wir (wie auch immer) erworben haben.

Ein Hochstapler ist kein Angeber!

Aber, verehrte Leserin, verehrter Leser, schon nach wenigen Kapiteln – das verspreche ich! – werden wir in der Lage sein, es mit jedem Angeber aufzunehmen, jeden Angeber zur Strecke zu bringen. Das ist sicher!

Unsere ersten Opfer: der Alleswisser und der Experte

Zunächst müssen wir den *Alleswisser* vom *Experten* unterscheiden lernen – was allerdings nicht schwer ist. Den Alleswisser erkennt man sofort. Er drängelt sich ja bei jedem Thema in den Vordergrund. Meist sind es Männer. Zwar ist auch unter den Frauen der Typus der sogenannten Kulturschnepfe inzwischen weit verbreitet, doch sind diese oft rührend bemühten Damen nicht so lästig wie der ewige, männliche Alleswisser und Dauerschwätzer. Die Damen begnügen sich freundlicherweise oft schon damit, alles eher intuitiv zu sehen und interessieren sich mehr für soziale Aspekte, die Frage etwa, ob man den Schriftsteller unbedingt kennen muß und ob der schon verheiratet ist.

Dem Alleswisser dagegen ist kaum zu entgehen. Er hat von allem schon mal gehört und erlaubt sich zu allem und jedem eine Meinung, die er obendrein noch für recht originell hält.

Dies ist allerdings auch seine Achillesverse: Wir brauchen nur − falls wir ein Wort dazwischen kriegen − leise bemerken: »Ja, ja, das wird *gemeinhin* so angenommen«, und dann winken wir gelangweilt ab. Falls er dann irritiert zurückfragen sollte: »Ja, äh, stimmt es denn etwa nicht?«, dann blicken wir ihn nur sehr sorgenvoll an. Der Alleswisser hält nämlich alles, was er irgendwo gelesen oder gehört hat, für die unumstößliche Wahrheit. Hier lassen wir einfach durchblicken, daß dies eben nur *gemeinhin* so angenommen wird, vielleicht aber gar nicht stimmt. Das genügt dann schon.

Wir schlagen ihn mit seinen eigenen Waffen. Der Alleswisser hat ja nur allgemeines Wissen. Genau das halten wir ihm vor. Selbst wenn er versehentlich mal wirklich was Besonderes sagen sollte, winken wir nur müde ab: »Aber das weiß doch jeder!«

Ganz anders der Experte. Man erkennt ihn daran, daß er gerade das, was man allgemein mal gelesen oder gehört hat, für den blanken Unsinn hält − und damit liegt er gar nicht mal so falsch. Er weiß es besser. Da kann man nichts machen. Er kennt womöglich sogar jede Menge Einzelheiten, die seine Meinung zusätzlich untermauern. Hier hilft nur eins: schnell das Thema wechseln. Experten sind − glücklicherweise − meist nur auf einem Gebiet Experte. Also, lassen wir ihnen den Spaß. Loben wir sie ordentlich für ihr Spezialwissen, aber nur, um keinen Zweifel daran zu lassen, daß es uns überhaupt nicht interessiert. Wir sagen, zum Beispiel: »Oh, bukolische Lyrik, was für ein interessantes Gebiet, ja, ein geradezu hochinteressantes Gebiet, ich wünschte, ich würde einmal die Zeit finden, mich näher damit zu beschäftigen.«

Auch hier schlagen wir ihn mit seinen eigenen Waffen. Wir betonen einfach, wie speziell sein Wissen doch ist, − je spezieller, desto unwichtiger. Notfalls geben wir noch einen drauf und sagen: »Ja, wenn ich endlich Zeit hätte für bukolische Lyrik, würde ich mich besonders auf die frühe bukolische Lyrik konzentrieren, und immer nur auf die jeweils erste Strophe ...«

> **Einfach auflaufen lassen:**
> **den Alleswisser mit seinem Allgemeinwissen,**
> **den Experten mit seinem Spezialwissen.**

Wir müssen dabei nur sicher wirken. Selbstbewußt. Ja, getrost etwas arrogant, wenn auch stets höflich und verbindlich. Leider läßt sich bereits an dieser Stelle voraussagen, daß wir uns nicht so richtig beliebt machen werden mit unserer Hochstapelei. Wer gerne beliebt sein möchte, müßte schon zu einem anderen Buch greifen. Auch darf man das Hochstapeln nicht verwechseln mit der Kunst der geistreichen Konversation. In solchen Fällen empfehle ich ein paar Sprüche von Oscar Wilde oder Ambrose Bierce, und für die tägliche blöde Konversation ›Das Wörterbuch der übernommenen Ideen‹ von Flaubert. Hochstapeln dagegen ist eine Kunst für sich. Und wenn wir uns schon nicht beliebt machen, so werden wir doch immerhin respektiert werden. Und falls es ein gewisser Trost ist: Der Respekt wird uns auch erhalten bleiben, wenn der Schwindel später durchschaut werden sollte. Falls wir gut geschwindelt haben.

Also auf! Legen wir der Welt eine gediegene Show hin – sie hat es verdient. Unsere Show soll gut sein, gut gemacht, so daß den anderen stets die richtigen Schlüsse nahegelegt werden. Wir schaffen das schon. Und doch haben wir viel vor – eine Kunst für sich, wie gesagt:

> **Hochstapeln auf dem Gebiet der Literatur ist die Kunst,**
> **einen Wackelpudding auf dem Silbertablett zu servieren.**

Wenn wir kurz im Bild bleiben wollen: Die Literatur ist unser Wackelpudding, eine sehr wabbelige Sache, wie wir sehen werden. Aber die Art, wie wir ihn präsentieren, diese Sicherheit, die wir dabei ausstrahlen und dazu dieses gewisse Lächeln – das ist es, was wir üben werden.

Also üben wir schon mal, sicher aufzutreten.

So machen wir sie fertig

Einen großen Teil von Sicherheit im Auftreten gewinnen wir nicht zuletzt damit, daß wir die andern ordentlich *verunsichern*.

Beginnen wir wieder mit einer Kleinigkeit, den sogenannten *soziozentrischen Sequenzen*, all dem Aha, Oho, so so, doch doch, genau, Hm, Ja, allerdings, kann man wohl sagen, und wie... kurz all den kleinen Bestätigungen, die wir so von uns geben, um anzuzeigen, daß wir weiterhin zuhören und vielleicht sogar zustimmen. Es genügt da oft schon ein Nicken, oder das am Telefon übliche grunzähnliche Geräusch. Japaner, die bekanntlich ein stark ausgeprägtes Gruppenleben haben, sagen unermüdlich »aso deska, aso deska...«, was soviel bedeutet, daß sie wohl zugehört haben, die Zustimmung zu dem Gesagten allerdings offen lassen. Ganz anders gewisse Damen, die diese Art haben, »Ja-a-ah« zu sagen, mit der sie mindestens hundertfünfzigprozentige Zustimmung ausdrücken wollen, auch wenn sie gar nicht sooo genau zugehört haben. So steckt also stets zweierlei in diesen kommunikativen Geräuschen: Zustimmung und Empfangsbestätigung. Ohne ein Minimum an Empfangsbestätigung hält es keiner lange aus. Auch am Telefon nicht. Da muß gegrunzt werden. Wir kennen das. Wir würden es auch nicht lange ertragen. Beharrliches Schweigen und dieses kosmische Rauschen im Telefon, wie man es aus Ehe-Dramoletten kennt, führt direkt zur blanken Panik. Also, eine gewisse Dosis Empfangsbestätigung muß schon sein. Lassen wir die andern nicht allzusehr zappeln. Wir können getrost zwischendurch mal nachdenklich nicken, dürfen uns aber nicht gleich hinreißen lassen, die andern vorschnell zu bestätigen, ihnen gar beizupflichten. Halten wir uns hierzu als abschreckendes Beispiel die Standart-Situation vor Augen: Chef erzählt einen Witz. Wie peinlich, wenn da die Untergebenen, kaum ist die Pointe ausgesprochen, in hysterisches Gelächter ausbrechen, obwohl der Witz weder gut noch neu war. Wir ahnen es schon: Diese Bestätigungsfloskeln, so harmlos und klein sie auch wirken mögen, sind *nicht zuletzt* ein Gradmesser für soziales Gefälle. Wer nickt wem zu, das ist hier die Frage.

Wir nicken nicht. Als Hochstapler stellen wir uns einfach außerhalb der sozialen Hühnerleitern, ja, wir sägen regelrecht an diesen. Ein Hochstapler fürchtet auch keinen Chef. Wir lachen nur, wenn es wirklich witzig ist, und das wird selten genug sein.

Wenn aber die Bestätigung ausbleibt, werden die andern langsam verunsichert. Sollen sie doch. Nach einer gewissen Zeit, werden sie sich den Kopf darüber zerbrechen, was wir eigentlich von ihnen halten. Sollen sie, sollen sie ... Wir wollen uns ja nicht beliebt machen, wie schon gesagt, sondern wir wollen die andern im unklaren lassen, was wir eigentlich denken, was wir alles so wissen — kurz, um das abgegriffene Bild vom Pokerspieler erneut zu strapazieren: Sie sollen nicht wissen, was für Karten wir auf der Hand halten. Unser selbstsicheres Auftreten läßt sie allerdings vermuten, daß es fast nur Joker sind. Tja, da liegen sie gar nicht mal so falsch ...

Machen wir es nicht wie die Untergebenen! Auch nicht wie diese gewisse Dame! Gönnen wir den andern getrost mal ein müdes Ja-ja und ein generöses Doch-doch, aber legen wir dabei die Stirn in rätselhafte Falten. Blicken wir immer wieder nachdenklich — vielleicht sogar abwesend, wer weiß das schon zu deuten? — in die Wolken, und üben wir zuhause vor dem Spiegel, ein Ja so zögernd (neuerdings sagt man da auch gerne *zögerlich*) auszusprechen, daß es fast schon wie Nein klingt, und unterbrechen wir die andern getrost mit einem sorgenvollen »*wirklich?*«, »Meinen Sie das *wirklich?*« — Sowas wirkt mit Sicherheit zermürbend.

Wir dürfen nur statt »wirklich?« auf keinen Fall »echt?« sagen; das klingt irgendwie alternativ und ein wenig naiv. Und wir gucken unsere Gesprächspartner dabei an. Leute, die sich verunsichert fühlen, meinen oft, es läge daran, daß man ihnen nicht in die Augen schaue ... daran soll es nicht liegen. Wir gucken. Aber wir nicken nicht. Wir gucken wie ein besorgter Arzt, der gerade wieder neue Symptome einer schlimmen Krankheit beobachten muß. Mal sehen, wie lange die andern das aushalten.

Wir machen es übrigens auch nicht wie der Chef: Wir erzählen keine *Witze*. Nie. Jedes Anzeichen von Humor stört nur unser Image als Literaturprofi.

Doch bleiben wir höflich. Machen wir es wie die Japaner. Lassen wir es nicht an Empfangsbestätigung fehlen – wohl aber an Zustimmung. Und wenn wir den Dreh raushaben, können wir bei den reinen Empfangsbestätigungen getrost schamlos übertreiben; sagen wir also, noch eh der andere zu Ende gesprochen hat: »Oh, ich versteh' Sie sehr gut! Ja, ich weiß genau, was Sie meinen!« Aber lassen wir dabei offen, ob wir dem auch zustimmen wollen. Machen wir da einfach nur einen tief bekümmerten Gesichtsausdruck.

Erste Hilfe beim Verunsichern:
Wir lassen die kleinen Bestätigungen einfrieren. Gerade die kleinen Worte erzielen große Wirkung. Die andern werden spüren, daß irgendwas nicht stimmt, aber nicht so schnell merken, woran es liegt.

Ebenso verfahren wir mit Lob. Denn wir loben unser Gegenüber durchaus, ja ja, wir spenden sogar gelegentlich ausführlich und fast schon überschwenglich Lob, doch doch. Allerdings immer nur in *Nebensätzen*. Sagen wir also: »Ein interessanter Aspekt . . . « kleine Pause – »ein sehr interessanter Aspekt sogar« – steigern wir ruhig noch weiter – »ja, sicherlich ein äußerst interessanter Aspekt« – (Sehr gut dieses *sicherlich*, immer besser als einfach nur sicher) – »und man merkt sofort, daß Sie sich ungemein gut auskennen . . . « – ja, nur zu, loben wir, daß sich die Balken biegen, der andere hat bestimmt schon bemerkt, daß alles nur Nebensätze sind, einschränkende Nebensätze. Notfalls heizen wir die Spannung noch mit einem wohlgesetzten *schon* an, also: »*Schon* ein interessanter Aspekt, doch doch . . . So langsam kann es keiner mehr ertragen. Wann kommt denn endlich das ABER?

Gar nicht. Wir brechen unsere Aneinanderreihung von Nebensätzen einfach erschöpft und vielleicht auch etwas genervt wieder ab und lassen die Spannung genüßlich im Raum nachwirken. Vielleicht wagt der andere nun die vorsichtige Frage: »Aber was?«

Wir zögern noch.

Dann loben wir wieder: »Nun ja, Sie wissen ja, wie schwierig das alles ist, Sie kennen sich schließlich selber bestens aus, und . . . «

»Und was?«

Nun bringen wir einen ungeheuer bescheidener Einwand: »Ach, ich weiß nicht, ich hab' da noch gewisse Schwierigkeiten«.

Bloß keine Angriffsfläche bieten! Ja nicht konkret kritisieren! Auch nicht verbessern! Selbst dann nicht, wenn wir recht haben, auch wenn es gelegentlich schwer fällt. Es geht hier nicht ums Rechthaben – leider, leider! –, sondern darum, den andern zu verunsichern, ihn zu beeindrucken. Also: Wir haben da irgendwelche kleinen Schwierigkeiten, mehr mit uns selbst, wie es aussieht, und dennoch scheint der andere ungeheuer darunter zu leiden und würde so gerne genauer wissen ... Wir aber gucken nur nachdenklich und seufzen nach längerer Bedenkzeit: »Naja, Sie verstehen sicher schon, was ich meine.«

Sie werden verblüfft sein, wie viele dann erleichtert nicken und so tun, als verstünden sie, wo es gar nichts zu verstehen gibt. Nur damit der Schmerz nachläßt.

Ein Lob im Nebensatz hinterläßt das ungute Gefühl, daß da noch ein Hauptsatz kommen müßte, der viel wichtiger ist und etwas Unangenehmes enthält. Gemeinerweise lassen wir das aber ganz im Dunkeln. Ein Lob im Nebensatz wirkt wie ein Geschenk, das den andern tief beunruhigt, weil er sofort an die Rechnung denken muß; eine Rechnung, die, wie er fürchten muß, um so höher ausfallen wird, je weniger darüber geredet wird.

Zweite Hilfe beim Verunsichern:
Wir kritisieren nicht, wir loben. Aber nur in Nebensätzen. Die andern werden spüren, daß irgendwas nicht stimmt, aber wieder nicht so schnell merken, woran es liegt.

Genauso machen es alle Redakteure, Lektoren, Verleger, Professoren, kurz alle, denen man etwas vorlegt, das sie beurteilen müssen. Was sie natürlich nicht wirklich beurteilen, sondern nur abwimmeln. So machen sie es halt. Machen wir auch.

Üben wir schon mal, fast nur noch in *Nebensätzen* zu reden.

Für einen deutlichen Hauptsatz sind wir uns einfach zu schade. Vor lauter Arroganz können wir machmal eh kaum reden. Wenn wir tun, als würden wir viel wissen, heißt das noch lange nicht, daß wir viel reden − im Gegenteil.

II. SO REDEN WIR ÜBER DIE LITERATUR

Wir reden immer nur drumrum

Auch wenn uns das Gebiet der Literatur so unübersichtlich erscheint wie »ein weites Feld« (Fontane), so ist doch das Hochstapeln ziemlich einfach. Literatur ist einfach ein idealer Tummelplatz für Hochstapler; Literatur lockt all die Alleswisser, Klugschwätzer, Wichtigtuer und Kulturschnepfen geradezu magisch an. Und das liegt daran, daß sowieso niemand sagen kann, was denn Literatur überhaupt ist. Alle reden über etwas . . . und wissen gar nicht, worüber sie eigentlich reden. Da kommt doch ein Hochstapler wie gerufen!

Nicht jedes Buch ist automatisch Literatur – Oh nein, im Gegenteil: Die meisten . . . ach, was sage ich: Die allermeisten Bücher sind natürlich keine Literatur. Schon gar nicht Bücher, die viel und gerne gelesen werden, wie etwa die von Karl May. Sowas gehört zur *Populärkultur*, vielleicht sogar zu einer Art *Folklore* und ist also irgendwas anderes. Ja, es wird sich herausstellen, daß das meiste immer irgendwas anderes ist, nur eben – leider, leider – keine Literatur.

Für uns Hochstapler ist es überhaupt nicht interessant, die Frage zu klären, was denn nun Literatur ist. Ein Hochstapler kennt keine *Definitionen*! Der Ruf nach einer verbindlichen Definition verrät den Anfänger. Wir richten unser Augenmerk ganz allein darauf, ob wir aus der Tatsache, daß niemand so recht weiß, was Literatur eigentlich ist, einen möglichst großen Nutzen ziehen können – und das können wir in der Tat.

> **Literatur ist es immer nur dann,**
> **wenn es nichts anderes ist.**

Nun sollten wir erst mal ausführlich darüber reden, was alles *nicht* Literatur ist, oder besser: *noch lange nicht*. Und das ist in der Tat ein weites Feld. Wir merken uns als kleine Eselsbrücke, die wir natürlich streng vertraulich behandeln, die Formel:

Erkennen wir etwa einige journalistische Elemente, nur mal als Beispiel, dann sagen wir sofort: »Das ist doch reiner Journalismus« und weisen mit einer flotten Handbewegung alles von Oriana Fallaci, Neil Postman, ja selbst von Wallraff und Feuchtwanger entschieden von uns. Oder ist ein Buch von großer politischer Bedeutung, sei es, daß es direkt ins politische Leben eingegriffen und zu Reformen geführt hat, wie seinerzeit die Bücher von Upton Sinclair; oder sei es nur, daß es mal auf die Titelseite des ›Spiegel‹ gerückt ist, wie einst der Fall Biermann. Nun gut, dann ist das eben ein politischer *Fall* − und keine Literatur. Gut. Dann können wir das auch gleich abwimmeln. Ein Fall für die Politik ist kein Fall für die Literatur. Alles, was nicht Literatur ist, wird einfach abgewimmelt. Denn nur die Literatur, die reine Literatur (was immer das auch sein mag), ist nun mal das Wichtigste überhaupt.

Wir benehmen uns wie der arrogante Kellner, der jeden, der nicht zum erlauchten Kreis der gerngesehenen Gäste gehört, schnöde ignoriert. Zu allem, was nicht hundertprozentig Literatur ist, sagen wir gleichsam mit einem Titel von Patricia Highsmith: ›Keiner von uns‹! Hinweg!

Schon können wir die ersten gewichtigen literarischen Gespräche anfangen. Und zwar nach diesem Schema: »Politisch mag das ja ein interessanter Fall sein, aber über eine literarische Wertung ist damit natürlich noch nichts gesagt.«

So machen es doch alle: »Aber ich bitte Sie, Literatur ist doch nicht die Fortsetzung der Soziologie mit anderen Mitteln«, so reden sie, zum Beispiel. Das können wir auch.

Literatur ist vieles *nicht*. Dies nicht, das nicht. Dies gilt es zu meiden, jenes . . .

Ja, ja, der wahre Literat − er muß sich ständig unterscheiden,
drum heißt es immer wieder: meiden, meiden, meiden!

Wir achten dabei stets darauf, daß wir dieses dubios Literarische als das Wichtigste, in den Hauptsatz kleiden; einen Hauptsatz, den wir allerdings ohne rechte Aussage lassen. Dafür wird im Nebensatz ausschweifend abgewimmelt.

Üben wir schon mal, nur darüber zu reden, was alles *nicht* Literatur ist. Literatur selber... Tja, darüber reden wir gar nicht erst. Das bleibt des Hochstaplers süßes Geheimnis, der heimliche Trumpf aus der Hinterhand, der gar nicht erst ausgespielt wird. Wir sagen nur sowas wie: »Politisch mag das ja einigen Staub aufgewirbelt haben, aber mit Literatur hat das noch nichts zu tun.«

Ist nicht so schwer, oder? Sehen wir uns den Mustersatz nochmal an: Sehr schön dieses »mag das ja«! Es hat sowas dezent Herablassendes, aber auch lässig Großzügiges – genau der Ton, um den wir uns bemühen. Schön auch die Abwertung von allem Politischen durch die fast schon barocke Formulierung »Staub aufwirbeln«, ja »einigen« Staub nur, nicht mal viel Staub – und was ist schon Staub? Sehr gut auch die Verwendung der *Vergangenheitsform*, die bereits besagt, daß der Wirbel inzwischen wieder vorüber ist. Verbessern könnte man den Satz nur noch mit der Formulierung: »...mit Literatur hat das noch *lange* nichts zu tun«. Unser dezent herablassender Ton gebietet zwar eine gewisse Vorsicht bei allen Übertreibungen, an der richtigen Stelle jedoch sind Übertreibungen durchaus angebracht.

Es kann alles gar nicht weit genug von Literatur entfernt sein. So machen wir hinterrücks deutlich, daß Literatur ganz was Dolles, ganz was Wunderbares sein muß. Es wird kaum um ein Thema so viel drumherum geredet wie um Literatur. Nicht mal um Sex. Da geht es dann doch meist irgendwann zur Sache. Bei Literatur... kaum. Also: Ein bißchen Geheimnistuerei um das *Eigenständige* der Literatur (das man nicht so recht in Worte fassen mag) kann da durchaus nicht schaden. Auch nicht das richtige Wimmeln. Wimmeln wir also! Kurz:

Wir reden über Literatur, indem wir möglichst
***nicht* über Literatur reden.**

Wir wählen dabei die richtigen Gewürze

Wir haben reichlich damit zu tun, alles, was nicht Literatur ist, abzuwimmeln. All das lästig Politische muß vor die Tür geschickt werden, all die »Nachrichtenwelt« wie Peter Handke sagt. Sowas stört die Reinhaltung der Literatur doch empfindlich. Hier dürfen wir mit unserer Abscheu getrost etwas auftrumpfen und angewidert von *Politkitsch* reden, von reiner *Propaganda*, und vor allem von bloßen *Meinungen* – sowas ist natürlich keine Literatur. Da sind doch *Idealisten* am Werk, igitt!

Literatur darf keine anderen Götter neben sich dulden. Was nicht weiter verwunderlich ist. In allen anderen Bereichen der Geisteswissenschaft werden schließlich auch die Zuständigkeitsbereiche abgesteckt; sehen wir uns doch mal um – bei den Pädagogen, Psychologen, Soziologen, Philosophen... na bitte. Jede Disziplin legitimiert sich durch *Abgrenzung*. Und die Literatur, die ja von allem was hat, natürlich auch.

Kein Wunder also, daß so oft darüber geredet wird, was Literatur alles *nicht* ist... meiden, meiden, meiden! Und wenn sowieso keiner weiß, was Literatur ist, und alle meistens drumherum reden, dann ist es auch kein Wunder, daß die Gefechte auf Nebenschauplätzen geführt werden, daß es stets auf die Nebensätze ankommt – und auf die kleinen Worte.

Hier können wir nun einen kleinen Trick anwenden. Ausnahmsweise können wir doch mal einen Hauptsatz, ja sogar einen Kernsatz wagen. Wir brauchen dazu nur die richtigen Zutaten, die richtigen *Würzwörter.*

Damit sind all die kleinen Wörter gemeint wie doch, wohl, gar, nämlich, alsdann... na, und so weiter. Damit hat schon seinerzeit Luther seine Bibelübersetzung gut abgeschmeckt, und ein Großteil des Erfolges auch für die Ausprägung einer verbindlichen deutschen Hochsprache ist nicht zuletzt diesen scheinbar so nebensächlichen Würzwörtern zu verdanken. Also. Nun denn. Wohlan.

Die Gewürze, die wir brauchen, sind *immer* und *auch*. *Immer* klingt sehr rigoros, streng, bitter, ja, heute würde man fast sagen: so richtig fundamentalistisch. *Auch* dagegen wirkt noch unentschieden, weich und verbindlich. Beide zusammen ergeben eine geschmackvolle Kombination! Wir sagen also Sätze wie: »Literatur ist *immer auch* Politik.«

Was ja immer auch stimmt, irgendwie. Politik ist eben immer mit dabei wie die ungeliebte Tante auf Familienfesten. Literatur ist aber immer auch noch was anderes. Immer auch Philosophie. Immer auch Psychologie – ja, fast möchte man sagen: »immer auch ein Stück weit Psychologie«. Literatur ist eben all das. Aber nur *immer auch*. Als gäbe es da noch jede Menge weitere Zutaten.

Literatur ist immer auch *Krankheit*, immer auch Selbstheilung, immer auch Provokation, oder Resignation, je nachdem. Literatur ist immer auch Selbsterfahrung, Selbstverleugnung, Selbstverständigung. Außerdem immer auch zeitgeschichtliches Dokument, möblierte Inneneinrichtung, Handstreich, Lebenshilfe, (in gewissen Kreisen durchaus auch Überlebenshilfe). Literatur ist immer auch »Lebensmittel« (sic!). Außerdem ein »Messer« (Benn) und eine Art Planierraupe. Aber ja doch! Aber immer! Immer auch.

Mit diesem kleinen Trick lassen wir die Puppen tanzen und den Pudding wackeln. Das *auch* wirkt so schön locker, luftig und wabbelig, bietet keine Angriffsflächen und macht deutlich, daß wir eigentlich über was anderes reden sollten, sehr schön . . . Das *immer* dagegen garantiert uns unsern starken Auftritt, die Selbstsicherheit. Na bitte.

Nur zu! Literatur ist schließlich immer auch Spiel. Immer auch Pose. Immer auch Bluff! Aber immer auch noch was anderes. Immer auch noch mehr. Immer auch. So einfach ist der Trick mit den Würzwörtern:

> **Wir schmecken sie so ab, daß es nach**
> ***gar nichts* mehr schmeckt.**

Wir glauben aber auch an gar nichts

Zum Beispiel, sowas: »Kunst heißt immer auch Kunstreligion!« Kommt gut, oder? Damit können wir uns durchaus sehen lassen. Tatsächlich sollten wir die Religion nicht zu gering schätzen, nein, da Gnade uns Gott. Natürlich macht der rechte Glaube noch lange keine Literatur, doch ist die Religion gleichwohl nicht ganz unwichtig für die Literatur, wie nicht zuletzt der Fall Rushdie gezeigt hat. Religion aber birgt immer auch die Gefahr, für unsere geheimnisvolle Literatur eine Erklärung zu liefern, besser: ein *Erklärungsmodell* (längere Worte sind immer besser); ein Erklärungsmodell, in dem sie völlig untergeht.

Wenn wir etwa Autoren wie Graham Greene oder auch Heinrich Böll als katholisch etikettieren können (»Also, ich weiß nicht, mir sind die irgendwie zu katholisch«), dann können wir sie damit praktisch abtun. Erledigt. Aussortiert. Ein Fall für den Beichtstuhl, nicht für die Literatur.

> **Ein Gebetbuch ist zwar auch ein Buch,
> aber eben noch lange keine Literatur.**

Dummerweise ist aber auch die Abkehr von der Religion, die *Aufklärung* nämlich, die neuerdings wieder so mutig in Frage gestellt werden darf, noch lange keine Literatur. Denn von der Religion zur Aufklärung, − tja, da kommt man von einer Schublade in die andere. Nicht aber in einen anderen Schrank.

Denn in beiden Fällen ist es die lästige *Moral*, die die Reinheit unserer Literatur so nachhaltig stört. Moral wollen wir gar nicht. Moral wird auch immer nur − na was wohl? − *gepredigt*. Da reckt sich sofort der moralische Zeigefinger. Wie unanständig! Da wird es auch gleich *moralinsauer*, wie man es neuerdings nennt. Herb, würzig, trocken... all das kann Literatur sein, auch gerne mal bitter. Nur sauer nicht. Schon gar nicht moralinsauer. Also:

> **Ob religiös oder auch nicht — ganz egal:**
> **Hauptsache keine Moral!**

Und keine Psychologie, schon gar keine Psychoanalyse. Wenn wir etwa ein Buch in die Hand bekommen wie das von K.R. Eissler, das auf über tausend Seiten die letzten Fragen zu Goethe beantwortet, dann bleibt uns nichts anderes übrig als so zu tun, als hätten wir noch andere Fragen gehabt — welche auch immer. Aber wir wissen ja inzwischen, wie wir unsere kleine Nebensatz-Strategie anzuwenden haben — etwa so: »Natürlich ist Literatur immer auch ein Stück weit Psychologie und als psychoanalytische Studie mag das ja recht brauchbar sein, *aber literarisch . . .* Hm, ich weiß nicht . . . «

Na? Haben wir das nicht schön hingekriegt? Dieses völlige Offenlassen nach dem »*aber literarisch . . .*« Da merkt man gleich, daß wir was gelernt haben. Literatur ist so was Feines, darüber redet man gar nicht erst. Hier genügt ein gewichtiges Stirnrunzeln, ein geübter Augenaufschlag, oder auch ein wie unter Schmerzen abgebrochener Halbsatz.

Nur Mut! Wir stehen mit dieser Methode des Hochstapelns in bester literarischer Tradition. Denn mit solchen *eliptischen* Sätzen nähern wir uns geschickt der berühmten *Leerstelle*, und mit unserem *Pathos* nähern wir uns dem größtmöglichen Pathos überhaupt, dem *Sprachlosigkeitspathos*. Das ist auch gut so. Gegenüber den Psycholaberern darf man kein Wort zuviel verlieren. Wimmeln wir sie ab. Was bilden die sich auch ein:

> **Literatur gibt's nun mal nicht auf Krankenschein!**

Wir tun so, als käme das alles noch

Geschickt auch der Begriff *Studie*; denn eine Studie ist natürlich noch lange keine Literatur! Auch eine *Milieu-Studie* nicht. Dasselbe gilt für die *Bestandsaufnahme*. Wenn auch beides noch nicht so verwerflich ist wie der *Überblick*, den wir ganz vermeiden müssen; einen Überblick dulden wir nur als *ersten Überblick*. Auch die Studie hätten wir lieber nur als *Vorstudie*.

Die gilt noch nicht richtig. Wir halten uns nämlich gerne im Vorfeld der Literatur auf, doch doch, und bleiben da möglichst lange, wie ein Liebhaber, der seine Kunst vornehmlich dem Vorspiel widmet. Wir reden ja auch fast nur in Nebensätzen. Solange wir hübsch im Vorfeld bleiben, müssen wir nicht vom Feld selber reden.

So sprechen wir gerne von reinen *Fingerübungen*, von *Vorübungen* oder *Materialsammlungen*. Wir weisen auch gerne mal auf ein *Debut* hin — schönes Wort. Ein Debut gilt auch noch nicht richtig und macht den jungen Autor zum Schauspieler, der vielleicht nur so tut und hoffentlich bald bessere Rollenangebote kriegt.

Auch der Ausdruck *Talent* hat etwas angenehm Einschränkendes; es heißt nur, daß sich das Talent nun erst mal beweisen muß. Also bescheinigen wir gerne ein Talent, auch mal ein großes Talent, gerne, kostet ja nichts. Hier ist wieder eine Stelle, an der wir getrost übertreiben dürfen und auch mal von einem enormen, außerordentlichen oder ungewöhnlichen Talent reden können. Bitte schön — gern geschehen. Also, alles sehr schön — Lob! Lob! doch, doch . . .

> **Nur die wahre Literatur, die käme dann erst noch.**

Oder wir tun ein Buch als *Jugendbuch* ab, ob ›Onkel Toms Hütte‹ oder ›Moby Dick‹, oder — warum auch nicht? — gleich den ganzen Stevenson, Kipling, Dickens und Hesse (inklusive ›Steppenwolf‹).

Ein Jugendbuch bleibt nämlich auch nur im Vorfeld der Literatur. Ja, mehr noch. Der Aufkleber *Jugendbuch* ist so ziemlich das schlimmste, was wir einem Buch antun können. Jugendliche haben nun mal einfach keine Ahnung von Literatur; und es wird sich herausstellen, daß die erlauchte Welt der vornehmen Literatur nichts so sehr verabscheut wie alles, was mit Jugend zusammenhängt. Literatur ist nur was für Taddergreise. So gibt es auch den Ausdruck *Jugendsünde*, die kaum je verziehen werden kann.

Und im Fluch vom Jugendbuch klingt gleich noch eine weitere üble Abwertung mit – ein Unglück kommt eben selten allein. Wir fürchten da sofort die *pädagogische Absicht*, und die läuft uns ganz und gar gegen den Strich. Der wahre Literat hat andere Absichten! Nach Möglichkeit keine. Auf keinen Fall läßt er sich welche anmerken. Denn wie heißt es schon bei Goethe: »Man merkt die Absicht und man ist verstimmt.« So verschweigen wir Hochstapler auch stets unsere Absichten. Und immer, wenn wir auf irgendwelche Absichten stoßen, weisen wir sie weit von uns, so weit wie möglich.

Und wenn wir sowas hören wie: »Dieses *vehement* vorgetragene...«, dann können wir das gleich vergessen. Da waren sicher wieder Jugendliche am Werk, die immer so aufgeregt sind, so hitzig. Da lächeln wir großzügig. Keinesfalls lassen wir uns von ihrem Eifer infizieren. Wir wissen: Später machen sie ja doch mal schlapp, also warten wir solange. Wir begeben uns ganz in die Niederungen der Ausgewogenheit.

> **Unsere Rede – als Hochstapler – sei immer nur**
> ***Ja Ja Nein Nein,***

so daß keiner so recht weiß, was wir überhaupt wollen. Uns ist diese vordergründige Art des *Engagements* völlig fremd (privat können wir ja anderer Meinung sein). Als Hochstapler tun wir so, als würden wir »über allen Gipfeln« stehen – so schwer ist das gar nicht. Versuchen wir es mal. Setzen wir ein gewinnendes Lächeln auf (nicht zu sehr, denken wir an die großen Versager unter den Lächlern wie Helmut Kohl und Jimmy Carter), wählen wir die richtigen Worte (das üben wir gerade) und und schon gelingt uns auch diese ruhige, abgeklärte (scheinbar überlegene) Tour. Ganz einfach.

Wir sind einfach nie zufrieden

Wir sind schon ziemlich unerträglich, ehrlich gesagt. Wir sind nie so richtig zufrieden. Wir meckern an allem rum. Was es auch sei, es ist bestenfalls gut für einen Nebensatz, aber nichts ist uns wirklich gut genug. Wir sind gefürchtete Partypuper, wir möchten uns nicht mal mit uns selbst unterhalten müssen. Es ist wie in dem Bonmot von Ambrose Bierce, der über Kritiker gesagt hat: »Einer, der sich rühmt, er sei schwer zufriedenzustellen, während doch niemand ihn zufriedenstellen will.« Genau! So auch mit uns. Nur noch schlimmer.

Wenn uns schließlich jemand um einen Gefallen bittet, er wolle sich demnächst einen Gebrauchtwagen kaufen, ob wir nicht mitkommen könnten, um mit unserer mäkeligen Art den Preis runterzuhandeln, dann haben wir es fast geschafft. Dann haben wir den richtigen Eindruck hinterlassen.

Wir wissen inzwischen, wie man etwas in Grund und Boden lobt. Nun gehen wir sogar unserm Lieblingskind – der Literatur selber! – an den Kragen. Nicht mal die behagt uns so recht . . . Wir benehmen uns wie Kinder, die ihre Puppe erst mal in Einzelteile zerlegen müssen. Jedes Einzelteil gucken wir an, als wäre es etwas Glitschiges, das man unter einem Stein gefunden hat. Und jedes Einzelteil, das in anderen Fällen durchaus für unser Wunderkind Literatur sprechen könnte, ist uns auch nicht gut genug . . . Also:

»Das Buch mag zwar einige (oder auch: jede Menge) treffende *Einzelbeobachtungen* (Beobachtungen sind immer treffend. Und Einzelbeobachtungen sind immer besser als einfach nur Beobachtungen) enthalten, aber . . . «

Oder: »Der ungeheure *Erfolg* (Erfolge meist ungeheuer) des Buches ist sicherlich als soziales Phänomen ganz interessant, aber . . . «

Jetzt haben wir den Bogen raus, stimmt's? Beachten wir noch das gut gesetzte *sicherlich*, das in diesem Fall genau das Gegenteil bedeutet; denn wer so redet, den interessiert das *Phänomen* überhaupt nicht, schon gar nicht, wenn es obendrein noch ein *soziales* ist. Auch *interessant* ist stets ein wahrhaft interessanter Joker, den man gar nicht oft genug setzen kann; ein Joker nämlich, der kaum je etwas bedeutet, wie schon Tucholsky mal festgestellt hat in einer kleinen Satire über den Mißbrauch des Wortes ›interessant‹.

Gehen wir noch weiter: »Es ist zwar *technisch* gut (oder auch: sauber) gemacht« . . . , aber das reicht natürlich noch nicht. Gut gemacht allein ist noch lange keine Literatur. *Gut gemacht* ist fast so schlimm wie *gern gelesen*. Hier können wir getrost ein *sehr* dazugeben. Oder wenn *technisch* allein noch nicht negativ genug klingt, dann vielleicht sogar *technisch perfekt*. Wir können sogar soweit gehen, von *perfide* zu sprechen, – warum auch nicht? Auch die schlechten Bücher, ja, gerade die erfolgreichen unter ihnen, sind alle technisch perfekt gemacht. Gut gemacht ist eben nicht nur nicht gut genug, es erregt sogar unser ganz spezielles Mißtrauen. Eventuell könnte man sich da auf ein Gebiet begeben, wo man *objektivierbare Kriterien* hätte, und sowas gilt es natürlich zu meiden. Also, was soll das für ein Buch gewesen sein?

Gut gemacht und gern gelesen?
Dann wär' es nichts für uns gewesen

Gleich weiter in der Art. Alles, was dem Autor eine gewisse Qualifikation zusprechen könnte, läßt sich in unseren Nebensatz packen: »Dem Autor ist zwar eine gewisse *Belesenheit* zu bescheinigen (für Fortgeschrittene: zu konzidieren) . . . « Klar, vor allem dann, wenn wir sie sofort durchschauen, weil wir mindestens ebenso belesen sind. Sind wir. Aber ja doch. Und es berechtigt uns jederzeit, notfalls mit unserem zuverlässigsten Joker rauszurücken, einen, den wir immer in Reserve halten und der da sagt: »Eigentlich ist das aber *nichts Neues!*« Das kann man immer dann sagen, wenn man nicht umhin kommt zuzugeben, daß es sich wirklich mal um Literatur handelt, dann aber, wie gesagt, um etwas, das *nicht neu* ist, oder *im Prinzip nicht neu*, oder *nicht eigentlich neu*. Dies gilt insbesondere für alle Erfolge. Das muß so sein, denn ein Erfolg knüpft immer an Bekanntes an – deshalb interessieren wir uns auch nicht für Erfolge. Das kennen wir alles schon.

Genauso bescheinigen wir einem Autor gerne seinen *guten Willen*, ja, sein starkes *Engagement* (besonders wenn er noch jung ist, der arme Kerl), seinen hohen, auch seinen sehr hohen *Anspruch*, gerne auch seine höchsten Ansprüche, da sind wir wirklich nicht kleinlich. Bei allen Möglichkeiten eines backhandedcompliments, wie der Amerikaner sagt, übertreiben wir hemmungslos. Es weiß doch jeder, daß der gute Wille allein noch lange kein gutes Buch macht, schon gar kein literarisches.

So geht's. Es kann gar nichts schief gehen. Es gibt nämlich keinen Aspekt – wirklich keinen! –, den wir nicht mit unserem Modell ausdrücken könnten.

Man kann es uns eben nie recht machen. Wir mögen uns selbst nicht leiden. Ernst Jünger hat mal gesagt, es soll Leute geben, die ein Buch nur lesen, um sich zu ärgern. Na ja, was heißt schon ärgern? Wir könnten uns im Grunde gleich die Kugel geben. Erst dann sind wir so richtig im Club der wahren Literaten.

III. SO ERKENNEN WIR LITERATUR

Nachdem wir nun schon so viel darüber geredet haben... so ist es auch recht: Erst lernen wir drüber zu reden, dann erst gucken wir, worum es überhaupt geht. Also, nachdem wir nun drüber reden können, sehen wir uns den Wackelpudding mal an.

Doch vorher eine kleine Checkliste:
- Ist es auch kein politisches Buch?
- Ist es auch kein populäres Buch?
- Ist es auch kein religiöses Buch?
- Ist es auch kein moralisches Buch?
- Ist es auch keine psychologische Studie?
- Ist es auch kein Jugendbuch?
- Ist es auch keine Vorübung?

Wirklich nicht? Ganz, ganz bestimmt nicht?

Gut! Dann können wir. Aber machen wir uns auf das Schlimmste gefaßt. Schon bei einem flüchtigen Blick auf einige Titel müssen wir schlicht erschaudern. Das Bücherregal kommt uns vor wie ein Friedhof. So viele Leichen aber auch! So viel Elend! Es trieft ja geradezu. Lassen wir nur mal einige Titel Revue passieren: Tod, Tod, Abschied, Ende, Untergang, wohin das Auge bricht; es ist eine richtige kleine Horror-Show:

Es sollte was mit Tod dabei sein

›Die Toten‹, ›Dantons Tod‹, ›Todesfuge‹, oder auch ›Todesarten‹ ein Zyklus, der übrigens unvollendet geblieben ist. Und gleich weiter: ›Tod in Venedig‹, ›Tod in Rom‹ − Dann vielleicht doch lieber in Venedig, oder? ›Der Tod des Vergil‹ − Was! Ist der auch tot? Die sterben einem auch alle weg. ›Der Tod des Handlungsreisenden‹ − Achtung: nicht verwechseln mit ›Ende einer Dienstfahrt‹! ›Tod den Ärzten‹, ›Der Tod des Märchenprinzen‹, ›Die toten Seelen‹, ›Aufzeichnungen aus einem Totenhaus‹ . . . und das sind *nicht etwa die Krimis*, wohlgemerkt! Auch ›Sterbetage‹ nicht, oder: ›Mit meinem Mörder Zeit bin ich allein‹, was besonders tragisch klingt, weil man irgendwie das Gefühl nicht los wird, daß man da gar nicht helfen kann, schließlich kann man der armen Autorin nicht auch noch ihre Zeit wegnehmen.

Die Österreicher sind natürlich wieder mal die schlimmsten. Die haben gerne Titel wie: ›Die letzte Welt‹, ›Die letzten Tage der Menschheit‹ − Unter dem machen die es gar nicht erst, typisch Österreicher! Die stehen immer mit einem Bein am Abgrund und sind einfach die letzten Heuler, vom Brettl − ›Der Tod, das muß ein Wiener sein‹ − bis hinein in die Philosophie, ›Endzeit und Zeitenende‹, und es hört und hört einfach nicht auf, dieses Untergangsgesäusel aus Österreich. Aber weiter, vergessen wir nicht all die Abschiede, all das Ende allüberall:

›Ende einer Ehe‹, ›Der kurze Brief zum langen Abschied‹, ›Die Frau, die davonritt‹ − vielleicht gar auf einem ›Fliehenden Pferd’? Na egal, weg ist weg, oder ›Weg war weg‹; ›So zärtlich war Suleyken‹ − Ja, und heute? Hat sich das wohl anders überlegt? Oder: ›Ende der Berührbarkeit‹ − Schade! ›Die Einsamkeit der Haut‹ − Das wundert uns jetzt auch nicht mehr; ›Ende des Flanierens‹ − Achtung! Kein Joggerbuch! ›Abschied von den Eltern‹, ›Horns Ende‹, ›Endspiel‹, ›Untergang der Titanic‹, ›Der Untergang des Hauses Usher‹, ›Die gestohlene Schöpfung‹, ›Der gestohlene Himmel‹, ›Abschaffung des Genies‹ – Es bleibt einem auch nichts! ›Gestürzter Engel‹, ›Tränen sind immer das Ende‹, ›Wir amüsieren uns zu Tode‹, ›Finale‹... Nein, das kann doch nicht alles gewesen sein!

Ist es auch nicht. Noch lange nicht. Es ist eine schier ›Unendliche Geschichte‹ von Tod, Ende, Abschied und Untergang; eine Geschichte, bei der Einsamkeit und Angst natürlich nicht fehlen dürfen, von der ›Einsamkeit des Langstreckenläufers‹ bis hin zur ›Angst des Tormanns beim Elfmeter‹ – Beides selbstverständlich *keine* Sportbücher.

Vielleicht sollten wir uns da einen langen schwarzen Schal umhängen, oder zumindest ein apartes kleines schwarzes Halstüchlein umbinden (jedoch keine Armbinde). Oder wir kleiden uns gleich ganz in Schwarz, wie es Ransmayr neuerdings tut. Ein wenig Gruftie-Look ist hier durchaus angesagt.

Ja, ja, der wahre Literat – er kann sich selbst nicht leiden
und liebt es, sich in Schwarz zu kleiden.

Es sollte was Mieses dabei sein

Doch auch wenn gerade nicht gestorben wird, verheißen uns die Titel selten Gutes, sondern immer irgendwie was Mieses; immer etwas, das wir eigentlich nicht wollen: ›13 unerwünschte Reportagen‹, ›Wunschloses Unglück‹, ›Nackt unter Wölfen‹, ›Frost‹, ›Die Pest‹, ›Hunger‹ und dazu ein paar ›Bittere Limonen‹ – andere gab es gerade nicht. Zum Glück sind es wenigstens keine sauren Limonen, moralinsaure möglicherweise.

Dann wieder sowas: ›Fegefeuer der Eitelkeiten‹ und ›Die Schrecken des Eises und der Finsternis‹! So hat es die hohe Literatur besonders gerne: mit der stolzen *Genitive* hohlem Pathos! Wie klingt das auch?

Es klingt ja wie beim jungen Schiller und dessen »des nackten Wahnsinns fetter Beute«; es klingt wie bei Grillpartzer, bei André Heller gar und seinem »Würgeengel der Melancholie«! Es klingt nach Titeln aus B-movies wie der ›Tauchfahrt des Schreckens‹ − tönern klingt es, ach, und irgendwie großartig leer: ›Unding der Liebe‹, ›Berge des Wahnsinns‹, ›Kondom des Grauens‹, ›Reich der Verderbnis‹, ›Buch des Blutes‹, ›Buch der Katastrophen‹ und natürlich − wir konnten es kaum noch erwarten: ›Die unerträgliche Leichtigkeit des Seins‹.

Manchmal kommt es aber auch sanfter daher, lascher gar und schlapper auch: ›Die Ballade vom traurigen Café‹ − Wollen wir nicht lieber schnell woanders hin? ›Erledigt in Paris und London‹ − Achtung kein ›Büroroman‹! Auch wenn in manchen Büros gerne diese dicken Büroklammern verschenkt wurden, mit der Aufschrift ERLEDIGT, als kleiner Scherz . . . Hier wird nicht gescherzt. Hier wird gelitten. ›Traurig bin ich sowieso‹. Dazu ›Drei traurige Tiger‹ − jetzt hat es die auch schon erwischt! Ach, alle sind traurig, ›Traurige Tropen‹, die auch!

Es hat einfach immer sowas Melancholisches, so einen Hauch von Abschied irgendwie, ›Als das Wünschen noch geholfen hat‹, ja, damals, ›Früher begann der Tag mit einer Schußwunde‹, Mann, das waren noch Zeiten, heute dagegen . . . ›Endstation Sehnsucht‹.

Wie oft wird auch im Titel schon verraten, daß sowieso alles verloren ist; ›Die verlorene Ehre der Katharina Blum‹; ›Nachgetragene Liebe‹; ja, jetzt, wo es zu spät ist; ›Das verlorene Paradies‹, ›Die verlorene Sprache der Kräne‹, ›Auf der Suche nach der verlorenen Zeit‹ . . .

Es macht alles keinen besonders erfreulichen Gesamteindruck, nicht wahr? Wie oft wird schon in den Titeln betont, daß etwas *nicht* ist, oder *nicht* getan werden soll, als hätten auch die Autoren schon bei der Wahl ihrer Titel die Ratschläge aus diesem Hochstaplerbuch berücksichtigt: ›Der Himmel kennt keine Günstlinge‹, ›Und sagte kein einziges Wort‹, ›Ich hab dir nie einen Rosengarten versprochen‹, ›Im Westen nichts Neues‹, ›Keiner weiß mehr‹, ›Der Ritter, den es nicht gab‹, ›Die Abwesenheit‹, ›Mann ohne Eigenschaften‹, ›Die unsichtbaren Städte‹ − immerhin, das wird kein Fotoband sein; ›Geh nicht nach El Kuwehd‹ − Na gut, dann eben nicht. Wie heißt es schon bei Nestroy: »Und 's ist alles net wahr, und 's ist alles net wahr!«

Denn das meiste ist nämlich nicht mal richtig echt: ›Falsche Bewegung‹, ›Paradies der falschen Vögel‹, ›Die Fälschung‹, ›Geschichten zur falschen Zeit‹ – Ja, wann soll man die denn lesen?

Obendrein hat man das Gefühl, daß in der Literatur einfach nicht die richtigen Leute zu Wort kommen: ›Ansichten eines Clowns‹, ›Memoiren eines mittelmäßigen Schülers‹, ›Ein erledigter Mensch‹, ›Biedermann und die Brandstifter‹, ›Aufzeichnungen des Pudels Ali‹, ›Aus dem Leben eines Taugenichts‹ – andere kommen wohl gar nicht erst zu Wort, oder wie? Besonders bei den *Russen* nicht; da liest man immer sowas wie ›Der Idiot‹, ›Der Spieler‹, ›Tagebuch eines überflüssigen Menschen‹, ›Traum eines lächerlichen Menschen‹, ›Gespräch eines Betrunkenen‹, ›Ein unbedeutender Mensch‹.

Meine Güte! Die alten Russen scheinen eine derartige Vorliebe für diesen doch eher dubiosen Personenkreis gehabt zu haben, daß man sich nicht wundern muß, daß nach der Revolution erstmal der Typus des aufrechten und strebsamen Proletariers proklamiert wurde.

Es sollte eine Rechnung beiliegen

Man kann hier getrost davon sprechen, daß es einen gewissen Hang zur *Negativität* gibt. Einmal am Bücherregal entlangflaniert, und schon ist uns ganz übel, – soll das etwa das Ende des Flanierens sein? Es kommt aber noch schlimmer.

Das war ja nur ein erster Eindruck. Das waren nur die Titel. Im Text wird das Elend dann in allen Einzelheiten ausgeführt. Viele Bücher verstehen sich sogar bei näherem Hinsehen als *Abrechnungen*, – was zunächst verwundern mag, da doch Rechnen eine Sache ist, die uns eigentlich allen nicht so liegt, aber nun wird eben doch abgerechnet:

mit dem Glück, der Liebe, mit Österreich, – mit allem! Wir ahnen es schon: Uns bleibt wieder mal nichts übrig. Diese Art von Abrechnungen kennt man. Rechnungen sind sowieso das, was wir am meisten fürchten, immer wieder, jeden Morgen in der Post. Nun rechnen auch noch die Literaten.

Warum ist das so? Sophie Freud hat da einen kleinen Tip gegeben. Es gibt ein allgemeines Vorurteil, an dem die Psychoanalyse ihres verehrten Herrn Großvaters nicht ganz unschuldig ist. Mit ihrem besonderen Interesse für die Nacht- und Schattenseiten des Menschen, erweckt die Psychoanalyse den Eindruck, daß die *bösen* Seiten auch die wahren sind. Wer also nur mal so von Freud gehört hat (also fast jeder), kann weiterhin in dem Glauben leben, daß seine heimliche Faustregel

> **»Der Mensch ist schlecht
> und der Tod, das muß ein Wiener sein!«**

nicht so ganz falsch ist. Das sagt uns die Literatur auch – nur eben viel, viel ausführlicher.

Es sollte nichts Gutes und Schönes dabei sein

Kein Wunder, daß *böse* zum literarischen Gütesiegel geworden ist, neuerdings auch *bitterböse*. Das gilt nicht nur für die ›Satanischen Verse‹ und die Werke von Thomas Bernhard, die alle »so schön böse« sind. Auch der junge Kritiker Hubert Winkels behauptet, daß ausgerechnet der *Haß* die besondere Qualität der Neuen Literatur, etwa von Reinhald Goetz, ausmacht. Ruhig bleiben! Wir sind da ganz gelassen.

Wenn nach dem Freudschen Mißverständnis das Böse immer auch

das Wahre ist, dann darf es eben in der Literatur nichts Gutes geben, auch nichts *Schönes*. Literatur tut immer so, als müßte sie all das Schlechte dieser Welt für sich reklamieren. So darf es nie ein *happy-end* geben. Kein stilles Glück; keine *normalen Menschen,* die glücklich verheiratet sind und eigentlich ganz zufrieden sind und vielleicht sogar einen Beruf ausüben, der ihnen auch noch Spaß macht. Jedenfalls machmal. Nichts da: kein Urlaub! Kein gutes Wetter, kein leckeres Essen, keine schöne Musik, keine Kinder, keine Haustiere! Wo gibt es denn sowas? Nicht in der Literatur. Erinnern wir uns: Literatur ist immer auch Schmerz, immer auch Unglück, immer auch Krankheit. Und zwar hauptsächlich! Sonst wäre es doch keine Literatur.

Wenn wir schon einen Titel lesen wie ›Der Zauber deiner Nähe‹, dann wissen wir sofort, daß es nur ein *Heftchenroman* sein kann, den wir hartnäckig *Groschenroman* nennen, obwohl auch auf dem Sektor die Preise längst explodiert sind, aber da kennen wir uns eh nicht so aus. Jedenfalls ist sowas keine Literatur! Auch ein Titel wie ›Der schönste Busen der Welt‹ − kann ja wohl kaum Literatur sein.

Aber ... möchte man vorsichtig einwenden, könnte es nicht doch mal einen wirklich zauberhaften Menschen geben − auch nur einen! −, dessen erfreuliche Nähe vielleicht *auch* mal Thema eines literarischen Werkes sein könnte?

Nein.

Aber, möchte man dennoch weiterfragen, wäre nicht trotzdem ein literarisches Werk denkbar, in dem mal zur Abwechslung eine Frau herbeireitet, in der ausgestreckten Hand eine leckere Limone?

Nein, und nochmals nein! Allein schon die Frage verrät den literarisch minderwertigen Geschmack. Sowas ist *Kitsch*. Und Kitsch ist der Todfeind der Literatur. All das Elendsgetue dient ja hauptsächlich zur Kitsch-Prophylaxe. Natürlich erliegt die Literatur damit einem *Kitsch der Negativität*, um auch mal mit einem pathetischen Genitiv zu glänzen, aber das verraten wir keinem.

Es sieht auch fast so aus, als müsse die Literatur ständig das Gegenteil aufrecht erhalten zur verlogen fröhlichen Welt der Werbesprüche, der Welt des euphorischen JA und PRO und SUPER und HURRA und NIMM 2; einer Welt, in der immer nur »positive Bilanzen« (Helmut Kohl) gezogen werden. Wenn das so ist, dann wird in der Literatur eben abgerechnet. Nur. Und unterm Strich bleibt wieder mal nichts übrig. Schon Kästner wußte nicht, wo da noch das Positive bleibt. Wo nur?

Lassen wir uns also nicht von positiv klingenden Titeln täuschen: ›Lust‹ von Elfriede Jelinek ist . . . eben nicht! Das ist ja! Frau Jelinek ist nämlich, wie Sigrid Löffler weiß, »die erbarmungsloseste Autorin, die Österreich je gegen sich aufgebracht hat« – von wegen Lust!

Oder auch: ›Fest für Boris‹ – freuen wir uns nicht zu früh! Weder geht es dabei um diesen jungen Mann in weißen Shorts, noch steht ein Fest zu erwarten, zu dem wir gerne gingen . . . oder gängen? Wie auch immer. Besonders bei *Helden* im Titel ist größte Vorsicht geboten. Ob beim ›Held der inneren Sicherheit‹, bei den ›Helden der Nation‹ oder beim ›Heldenplatz‹ von Thomas Bernhard »Sein größter Skandal – sein schwächstes Stück«, wie die Kritik sagt (Gute Formel, unbedingt merken!) – Nein, das werden alles schon keine rechten Helden sein. Wenn Lermontov uns dennoch einen ›Held unserer Zeit‹ vorstellt, dann ahnen wir schon . . . oder? Diese Russen auch immer mit ihrem Personal. »Schöne Helden« hat Čechov ironisch gesagt. Denn Helden gibt es nicht mehr. Nur noch Versager, Jammerlappen!

Die Situation erinnert irgendwie an ein älteres Ehepaar, das sich in einem verregneten Kurort langweilt, morgens mufflig zum Fenster rausguckt, und bei dem es nur noch darum geht, wer diesmal der erste sein wird, der es ausspricht: »Ist das wieder ein Mistwetter!« So als hätte sich derjenige damit für den ganzen Tag auf die Seite der besseren Argumente geschlagen und gleichsam für sich einen kleinen persönlichen Sieg im Rechthaben davongetragen.

Es gibt regelrecht einen Wettbewerb im Auftrumpfen mit dem Schlimmen und im Angeben mit der eigenen Leidensfähigkeit; eine *»negative Protzerei«*, wie es jemand anders mal in einem anderen Zusammenhang gesagt hat. Wallraff ist dabei immer noch, trotz starker Konkurrenz von schreibenden Frauen, der inoffizielle deutsche Großmeister des Leidens, auch wenn eine Zeit lang auf Peter Paul Zahl gewisse Hoffnungen gesetzt wurden, jedenfalls solange er noch inhaftiert war. Auch Wolf Biermann versteht es immer noch recht gut, den Schmerzensmann zu mimen. Doch Wallraff bleibt nun mal der Größte, in seinem Leiden steht er unangefochten ›Ganz unten‹; denn jedes seiner Werke hat er *höchstpersönlich* ein Stück weit mit seiner eigenen Gesundheit bezahlt. Bei ihm hat die hohe Schule des Leidens fast schon Jesus-artige Züge.

Und doch geht es immer noch weiter. Die literarische Richter-Skala ist nämlich nach unten offen. Selbst ein Titel wie ›Unter Null‹ ist da noch lange nicht das letzte Wort.

Es sollte ein Ablehnungsbescheid beiliegen

Na? Noch alle da? Hab ich es nicht gleich gesagt? Hatten wir nicht recht, immer nur davon zu sprechen, was Literatur alles *nicht* ist? Auch Kritiker reden gerne so. Reden ausführlich davon, was alles *nicht* in einem Buch steht und sie betonen, daß es *fernab* von allem ist, was nicht etwa eine *Absage* wäre. Auch das vorliegende Buch, um das mal klar zu stellen, ist *kein* Lexikon, *kein* Pamphlet, *kein* Manifest, *keine* Anthologie, *keine* Ontologie, *keine* LP, *kein* Messer – und natürlich *kein* Roman.

»Das ist doch kein Roman!« Sowas können wir immer gut bringen (und es schützt uns gleichzeitig davor, zu erklären, was denn nun einer wäre). Da lassen wir einfach das Buch indigniert wieder zurückgehen wie einen Tee, wenn wir einen Capuccino bestellt hatten. Also bitte: Das ist doch kein Roman!

Dabei wimmelt es geradezu von Romanen: Da hätten wir den Unterhaltungsroman, der aber natürlich kein richtiger Roman ist, sondern eben nur ein Unterhaltungsroman – großer Unterschied! Da gibt es den Frauenroman, der auch kein Roman ist, sondern eben nur ein Frauenroman; dann den Familienroman, der erst recht kein Roman ist, – schon gar nicht, wenn er obendrein noch *heiter* ist; und den historischen Roman . . . Jugendbuch, sagen wir da nur, Jugendbuch! Ja, was ist nur los? Bleibt der Roman etwa eine Art Fata Morgana? Je genauer wir sagen wollen, was für einen Roman wir eigentlich meinen, desto mehr scheint sich der Roman in die Niederungen der Populärkultur zu verflüchtigen.

Aber den Roman wollen wir. Wir warten immer noch. Wir sind auch langsam genervt, daß uns nie das richtige serviert wird. Wo bleibt denn, bitteschön, der Roman? Der reine Roman! Nicht mal den Gesellschaftsroman wollen wir und schon gar nicht den Kriminalroman, sondern den nackten Roman − ohne was dran. Werden wir hier überhaupt nicht mehr bedient?

Tja.

Nun etwas, das uns zunächst wie ein Widerspruch erscheinen mag. Doch am besten gewöhnen wir uns frühzeitig daran und üben schon mal, Sätze mit dem Zauberwort *gleichwohl* zu bilden. Denn natürlich vermissen wir den Roman − schmerzlich! − und wir weisen empört alles zurück, was nicht Roman ist, − *gleichwohl* kann es auch gerade das Gute an einem Werk sein, daß es kein Roman ist.

Das ist dann natürlich ganz was anderes, vielleicht gar ein *Anti-Roman*. Jedenfalls *verzichtet* in dem Fall der Autor *bewußt*, er *unterläuft* oder *überwindet* gar den Roman. Vielleicht *zerstört* oder *zertrümmert* er auch die Form des Romans. Soll ja vorkommen. Die Kritik scheint sogar eine besondere Vorliebe zu haben für Autoren, die eine Form unbenutzbar hinterlassen; sei es, daß sie wie Schiller die Form des klassischen Dramas zur Vollendung führten − und damit Schluß! (endlich!) −, oder sei es, daß sie in ihrem Selbstverständnis als Avantgardisten meinen, sie könnten ja, dürften! − eine Form immer nur einmal benutzen und müßten sie dann ablegen wie einen dreckigen Drillich, um es nackt und schutzlos erneut zu versuchen. Denken wir an Peter Handke, der schon als großer Formzertrümmerer bezeichnet wurde.

Gerade die großen Monumenten der Moderne sind alle *keine* Romane mehr, alle haben sie längst den Roman überwunden, überstiegen, und sind irgendwie noch mehr als nur Romane. Der ›Ulysses‹ oder so große Collage-Werke wie ›Berlin Alexanderplatz‹ oder die Bücher von Dos Passos, − das sind doch keine Romane mehr. Notfalls fügen wir ein *streng genommen* hinzu, aber wenn wir es so klingen lassen, daß es dadurch sogar noch was Besseres ist, dann wird uns schon keiner widersprechen. Schließlich weiß sowieso niemand mehr, was heute noch ein Roman ist. Egal. Hauptsache, es ist jeweils *kein* Roman.

> **Wir merken uns, daß der Umstand, daß etwas *kein* Roman ist, Grund genug ist, das Buch ungelesen abzuweisen, *gleichwohl* auch Anlass sein kann, das Buch gerade deshalb besonders gut zu finden.**

Interessant, nicht wahr? Sehr interessant sogar. Äußerst interessant.

Bei der Gelegenheit müssen wir gleich sagen, daß heute auch keiner mehr richtig erzählen kann. Nein, es gibt einfach keine Erzähler mehr, die Zeiten sind vorbei. Es hört ja auch keiner mehr richtig zu! Liest eigentlich noch jemand? (Danke!). »Die Musen haben abgedankt«, sagte schon Günter Kunert, und der wird es ja wissen. Es gibt auch keine Maikäfer mehr, wie Reinhard Mey schon bedauert hat und auch keine Glühwürmchen mehr wie Pasolini bemerkte. Kein Hahn kräht mehr nach den reimlosen Oden von Klopstock. Kein Mensch schreibt mehr einen Versepos. Ja, Hans Magnus Enzensberger behauptet sogar, heute könnten selbst die meisten Lehrer keinen grammatisch (oder grammatikalisch? Lieber *grammatikalisch* – ist länger) richtigen deutschen Satz mehr schreiben. Schluß damit. Aus und vorbei. Die Schmetterlinge sterben aus; es gibt auch keine guten Aprilscherze mehr. Der Roman ist längst schon totgesagt, der nouveau roman auch, die ganze *Belletristik* ist totgesagt, ja, die ganze Literatur, die auch, alles *totgesagt*. Die Lyrik natürlich. Tot! Mausetot! Ab in den Orkus! Enzensberger, der schon jahrelang nichts mehr totgesagt hatte, hat neulich erst die Literaturkritik totgesagt. Immerhin. Wim Wenders behauptet einfach »Geschichten finden nicht mehr statt«. Das hätten wir nicht gedacht, oder?

Doch von solcher Kühnheit müssen wir uns ein bißchen was abgucken. Walter Serner hat schon 1933 geklagt, es gäbe einfach keine richtigen deutschen Gedichte mehr – ja, meine Rede seit 33! Aus und vorbei. Die Fische beißen nicht mehr, die Musen küssen nicht mehr. Vielleicht haben sie Herpes. *Nach Auschwitz* kann man einfach keine Gedichte mehr schreiben. Vielleicht auch keine Novellen mehr? Wer weiß . . . Thomas Bernhard ist tot, Hermann Burger auch. Vergil tot! Ovid verbannt! Schrecklich . . . Und der Roman, auf den wir so sehnsüchtig warten, wird immer noch nicht serviert. Es geht einfach alles den Bach runter. Da soll erst mal einer mit einem Gegenbeispiel kommen, soll er doch. Wenn er es wagen sollte, brauchen wir nur die Stirn zu runzeln und uns ein sorgenvolles »wirklich?« abzuringen. So einfach kann hochstapeln sein. Es ist eben alles nicht mehr so wie früher.

Dafür sehen die Bücher wieder so aus wie von früher. Heute stellt man sich nicht mehr seine MEW-Gesamtausgabe einfach auf die Apfelsinenkiste, sondern seine Vorzugsbände der ANDEREN BIBLIOTHEK in die Glasvitrine. Heute haben die Bücher wieder ein Lesebändchen, jawohl! Und, was besonders wichtig ist, manche sind sogar aus der Korpus Walbaum Montype gesetzt und wieder auf einer echten alten Präsident Schnellpresse gedruckt. Denn wenn schon keiner weiß, was ein Roman ist und keiner sagen kann, was man heute als *gutes Buch* bezeichnen würde, dann gibt es immerhin ein *schönes Buch*. Na, alles ganz gut und ganz schön, sagen wir da nur, aber macht es nicht so den Eindruck, als wäre so ein Buch vom Flohmarkt, oder besser gesagt: aus dem erlesenen Antiquariat?

Auch die Kritiker starten unentwegt einen − um mal einen Filmtitel von Alexander Kluge umzuwandeln − : Angriff der Vergangenheit auf den Rest der Zeit. Sie vergleichen immer die lebende Literatur mit der toten, argumentieren dabei immer nur *unhistorisch* und wollen mit *Vergleichen*, *Bezügen* und angeblichen *Traditionslinien* die neue Literatur auch gleich tot machen.

Stellen wir uns mal eine Kritiker-Runde im Fernsehn vor, die über junge Literatur debattieren soll; wetten, daß sie innerhalb von zehn Minuten anfangen, über Thomas Mann zu reden? Und wie sie alle immer nur jammern, daß früher alles besser war, viel besser. Wenn man schon fast eingeschlafen ist und nicht mehr so genau hinhört, hat man fast den Eindruck, gerade hätte wieder einer gesagt: Weißt du noch, 1914 gegen die Franzosen . . . ? Die Fernseh-Kritiker-Show zu später Stunde folgt einer ganz ähnlichen Dramaturgie wie der ›Tatort‹: Nach spätestens zehn Minuten kommt die erste Leiche; denn allgemein gilt:

Nur ein toter Dichter ist ein guter Dichter.

Inzwischen fangen auch junge Autoren gleich mit historischen Themen an; – freiwillig! – mit einem Roman über ›Hannibal‹, über ›Auroras Anlaß‹, oder über Ovid. Vielleicht werden es auch große Erfolge wie ›Das Parfum‹ oder ›Die Entdeckung der Langsamkeit‹. Vielleicht bedauern auch die jungen Autoren heimlich, daß sie nicht schon gestorben sind (die Verlage bedauern es sicherlich). Jedenfalls hat man den Eindruck, daß die Literatur von heute gleich schon von gestern ist. Schöne Urnen!

Dazu dieser altmodische Stil und der vornehme Ton, der nun wieder modern ist. Vielleicht soll es auch ironisch sein, bei Henscheid etwa, doch man weiß es nicht genau. Man hat nur ständig das Gefühl, daß irgendwas parodiert wird – aber was? Und warum eigentlich? Es ist wie bei einem Musikstück, das auf historischen Instrumenten dargeboten wird, die alle hoffnungslos verstimmt sind und jede Menge überflüssige Triller und Schnörkel spielen. Tirili, tirila, und das in voller Länge, aber augenzwinkernd. Wenn uns da einer kommt und meint, er fände das aber höchst amüsant, brauchen wir ihn nur mitleidig anzusehen und leise zu fragen: »Wirklich?« Wenn er dann schon etwas kleinlaut meint, naja, es wäre immerhin stilistisch virtuos, dann werfen wir einfach die Augen gen Himmel und seufzen inbrünstig.

Fertig.

So erkennen wir Literatur
Checkliste/ Literatur-TÜV
Zunächst die Mängelliste, auch Vermeidungsliste genannt.
Wir fragen uns: **Fehlt es an:**

– Schönheit?	20 Punkte
– Glück, Optimismus, Humor?	je 10 Punkte
– happy end?	5 Punkte

Normalen Menschen, die

– verständlich (jedoch nicht allzu viel) reden?	5 Punkte
– Geldsorgen haben?	5 Punkte

44

– einen Haushalt führen?   5 Punkte
– Verwandte, Kinder, Haustiere haben?   je 5 Punkte

Normaler Liebe, wenn etwa zwei sich lieben,
– ohne darunter zu leiden?   5 Punkte
– ohne hinterher viel drüber zu reden?   5 Punkte
– ohne Extras (Grundstellung)?   5 Punkte

Normalem Leben, erkennbar an Indizien wie:
– Fernsehn, Flaschenbier, Frisör, Telefon,
  Supermarkt, Parkplatzmangel, Radiowerbung,
  Kaffeepause, Hundescheiße, Tageszeitung?   je 1 Punkt

Höchstpunktzahl 100 Punkte = 100 %

Ab 60% aufwärts können wir bei geringem Restrisiko davon ausgehen, daß es sich tatsächlich um *Literatur* handelt!

So erkennen wir Literatur

Checkliste/ Literatur-TÜV
Nun die schwarze Liste, auch Miesheiten-Liste genannt.
Wir fragen uns: **Kommt drin vor:**
- Tod, aber mehr allgemein, auch als Ende von etwas?   20 Punkte
– Melancholie, Enttäuschung, Wahnsinn,
  Krankheit, Dunkelheit, schlechtes Wetter?   je 5 Punkte
– Abrechnung oder auch Absage?   je 10 Punkte
– Abgesang?   12 Punkte
– Abschied?   8 Punkte

* Zusatzwertung für Österreicher:
– pro Abgrund   je 2 Punkte

Höchstpunktzahl (bei 5 Abgründen) 100 Punkte = 100 %
Auch hier gilt:

Ab 60% kann man mit an Sicherheit grenzender Wahrscheinlichkeit davon ausgehen, daß es sich um *Literatur* handelt!

IV. SO ERKENNEN WIR DIE BESSERE LITERATUR
(Für Fortgeschrittene)

Werfen wir noch einen Blick auf unseren Pudding — Wie war das noch? Literatur ist es nur dann, wenn es nichts anderes ist. Genau. Auch die wahrhaft *literarischen Themen* sind immer nur Themen, die *nicht* gleichzeitig andere Themen sein können. So ist es dann gekommen, daß die wahrhaft literarischen Bücher oft recht merkwürdige Themen aufgreifen oder überhaupt erst zum Thema erheben, von der ›Unerträglichen Leichtigkeit des Seins‹ bis hin zur ›Entdeckung der Langsamkeit‹.

Nehmen wir uns das Buch mal vor, wenigstens mal eins, als Beispiel. Sicher ein literarisches Buch, vielleicht hochliterarisch, zumindest in *Klagenfurt* preisgekrönt. Wovon handelt es? Vom Seefahrer Lord Franklin, der auf der Suche nach einer Nord-West-Passage im Eis verschollen ging. Weniger bekannt ist, daß er obendrein noch die Langsamkeit entdeckt hat. Ah . . . , wir ahnen da schon was: Auf dem Cover erkennen wir nämlich ein Dampfschiff neben einem Segelschiff, und da bekanntlich die ersten Dampfschiffe noch langsamer waren als die Segelschiffe, wirkte Lord Franklin vielleicht als Pionier des Dampfers?

Nein? Doch nicht?

Beachten wir: Um ein wahrhaft literarisches Buch zu sein, darf es kein *Sachbuch* sein, womöglich mit Modellen und Bruttoregistertonnen; nichts, was man sich neben einer kompletten Horatio-Hornblower-Cassette mit auf die Segelyacht nimmt. Vor allem darf es kein Jugendbuch sein. Wenn es einfach nur die Geschichte eines Seefahrers wäre, wäre es ja ein geradezu ideales Jugendbuch — selbst wenn keine Seeräuber vorkommen. Natürlich darf es auch kein politisches Buch sein; keines, das etwa die Rolle Franklins in der

Geschichte des britischen Kolonialismus kritisch beleuchtete. Wir merken schon: So einfach ist es nicht. Stets gilt es, gefahrvolle Klippen zu umsegeln und den falschen Eindruck zu vermeiden, – meiden, meiden, meiden! Auch hier. Überall stehen Fettnäpfchen bereit. Immer muß der Autor tun, als wenn es ihm um all das gar nicht ginge, oder bestenfalls nur *vordergründig*; immer muß er betonen, daß sein wahres Interesse noch tiefer geht, noch weiter reicht, daß er noch mehr will – aber was?

Literatur!

Und da ist plötzlich ein Thema in Sicht, das glücklicherweise bisher keiner haben wollte; denn auch die Sportler, die vielleicht kurz mal aufgemerkt haben, interessieren sich doch nicht so sehr für die Langsamkeit. Die aber – und das ist der Trick dabei! – soll plötzlich das Wichtigste am ganzen sein.

Jedenfalls tun wir mal so.

Merken wir uns folgendes kleines Kochrezept, das wir natürlich streng unter Verschluß halten:

> **Literatur entsteht, indem man alles wegläßt, was ein einfaches Verstehen ermöglicht, dabei filtere man ein Thema heraus, das ziemlich abgelegen ist und für das niemand so recht zuständig sein will; und nun tue man so, als wäre dies das Wichtigste von der Welt.**

Denn nur vordergründig geht es bei einem literarischen Buch einfach nur um das Leben eines Seefahrers, *tiefgründig* oder auch *hintergründig* geht es um mehr. Da muß einfach noch zusätzlich was dran sein. Wie bei der Werbung für Coca Cola, wo es doch auch immer heißt: Coke macht *mehr* draus. Irgendwie mehr.

Vielleicht brauchen wir noch ein paar Beispiele, um richtig zu verstehen, was so ein waschechtes literarisches Thema ist. Die Bücher von Handke sind vortreffliche Beispiele. Der ›Chinese des Schmerzes‹ spielt nicht etwa im heutigen China, sondern in Österreich und erzählt die Geschichte von einem Studienrat, der einen Mann erschlägt, der vermutlich Nazi-Parolen geschmiert hat . . . nein! Halt! So darf man das nicht sagen. Es wird natürlich nicht einfach erzählt, – wo kämen wir da hin! Es ist auch nicht bloß die Geschichte von einem Lehrer — nein, es ist ein Werk über die Schwelle. Ganz recht: die Schwelle. Das hätten wir nicht gedacht, was? Auch ›Stunde der wahren Empfindung‹ erzählt nicht etwa nur vom Alltag eines österreichischen Botschaftsangestellten, der schlecht geträumt hat, sondern ist eine Art Gleichnis über das plötzliche Aufscheinen der Gegenstände.

> **Literarische Themen liegen unter der Oberfläche und sind immer viel wichtiger.**

Wenn wir nun einen dabei erwischen, wie er ahnungslos erzählt, er hätte da ein Buch gelesen, das handele von ..., können wir gleich unterbrechen und einwenden, »Aber nur oberflächlich, eigentlich geht es um ...« — und dann erfinden wir schnell ein schönes literarisches Thema, je abgelegener, desto besser.

Die bessere Literatur wird aus Literatur gemacht

Um richtig deutlich zu machen, daß Literatur nichts anderes als nur Literatur ist, legen die richtig literarischen Werke dann auch großen Wert darauf, sich immer wieder auf Literatur zu beziehen. Oft schon im Titel, ›Walther von der Vogelweide Klopstock und ich‹ heißt ein Buch von Peter Rühmkorf, ›Trotzki Goethe und das Glück‹ ein Gedichtband von Jörg Fauser. Auch wenn wir einen Titel lesen wie ›Der Schuß auf die Kanzel‹ von Hermann Burger, dann wissen wir sofort, daß sich das auf eine Geschichte von Conrad Ferdinand Meyer bezieht. ›Die Bürgschaft‹ von Thorsten Becker hat natürlich was mit Schiller zu tun — irgendwie, was auch immer. Sein Buch ›Die Nase‹ vielleicht gar mit Gogol? Und ›Lenz‹ — äh? — war das nun von Peter Schneider oder Georg Büchner? Überall lauern literarische Vorbilder.

Jede Seite Text ist wie mit einer literarischen Hypothek durchfettet. Selbst die Haustiere haben es in sich, das sind durch und durch literarische Viecher, von ›Diderots Katze‹ bis zu ›Flauberts Papagei‹.

Wenn die Titel allein nicht deutlich genug sind, dann steht auch gerne mal ein kleines Zitat vorne drin, von Goethe, Shakespeare oder einem, den garantiert keiner kennt. Solche vorangestellten Zitate sind wie die kleinen Gucklöcher in der Tür zu Nachtclubs. Nicht nur, daß so ein Zitat schon mal einen kleinen Eindruck vom Text geben soll, damit wir einen Blick erhaschen, um zu sehen, was es überhaupt für ein Laden ist, auch umgekehrt: Es ist, als schaute dich der Text durch das Loch hindurch an, Gesichtskontrolle, hier darf schließlich nicht jeder rein.

Rein darf nur, wer das Spielchen mitmacht; wer bei jeder *Nacht* gleich an die Romantik denkt, und bei dem Motiv der Verwandlung an Kafka, besser noch an Ovid. Gut. Spielen wir mit. Wir sehen auch immer einen literarischen Bezug.

Immer!

Und wenn er noch so sehr an den Haaren herbeigelogen ist. Die wahren Literaten können inzwischen keinen einfachen »Satz« (Wittgenstein) mehr sagen, ohne den gleichsam im »Urschlamm« (Benn) der literarischen Tradition zu »verankern« (Joseph Conrad).

›Die Mutter‹ von Karin Struck etwa greift natürlich beziehungsreich den gleichnamigen Titel von Gorki auf, ja ja. Und sowas wie ›Der Fall d'Arthez‹ ist natürlich ganz offensichtlich eine Anspielung auf . . . Also das sollte man aber wirklich wissen!

Natürlich ist so eine zitatengeladene, literaturhaltige Literatur in Wirklichkeit ein Firlefanz wie diese Doppelbremsleuchten: eine überflüssige Verdoppelung, die nur nach hinten abstrahlt. Und doch halten wir als Hochstapler gerade diese Art Literatur für die einzig wahre und raunen nur leise was von poetologischen Texten und *Intertextualität*.

Dazu müssen wir erst mal die griechische Götterwelt und all das Gerümpel aus der *Antike* noch mal abstauben. Wer war noch mal dieser Prometheus, der gerade wieder frisch gefesselt wurde? Wer Kassandra? Wer Medusa? Plötzlich sind nämlich all die totgeglaubten Idole unserer ungeliebten Studienräte wieder da; und Peter Handke, der in seinen frühen Schriften auch gerne mal aus der Populärkultur zitierte, schreibt heute gewissenhaft die Worte der *Klassiker* ab; und sogar Ovid hat erst neulich wieder einen Titel in die Bestsellerliste gebracht.

Auch Hölderlin wird viel zitiert, vielleicht weil er so schön dunkel bleibt. Vielleicht auch weil er sich selber gerne mit den griechischen Göttern unterhalten hat und − wichtig! − eine Versöhnung des Hellenismus mit dem Christentum anstrebte, schließlich ist er verrückt geworden (oder etwa doch nicht?), in seiner Jugend war er ein ganz Radikaler, und kein Mensch liest mehr freiwillig seine Gedichte und Stücke. Ein idealer Klassiker also, aus dem nicht genug zitiert werden kann. Nur zu: Treten auch wir »ins Offene« und warten wir, ob das »Rettende naht«.

Wenn es etwa bei Strucks leidgeprüfter ›Mutter‹ immer wieder heißt »Handwerker sehe ich, keine Menschen«, dann ist das O-Ton Hölderlin und macht den Text von Struck besonders wertvoll und irgendwie literarisch. Und wer es nicht gleich gemerkt hat, hat eben keine Ahnung. Auch Christian Geisslers RAF-Roman ›kamalatta‹ zeigt schon im Titel eine ungemein bedeutungsschwere Anspielung auf Hölderlin, die man erst mal verkraften muß.

Wichtig ist, daß die Herbeibemühung der Vorbilder nichts so richtig *erklärt*.

Literarische Bezüge sind nur zum Angeben da!

Es darf nicht so sein wie bei ›Schönheit der Verwilderung‹, über Johann Christian Günther, oder bei den Büchern von Dieter Kühn über Wolkenstein oder Neidhard, und natürlich nicht wie bei all den Autorenbüchern. Sowas wird schnell als Jugendbuch abgestempelt.

Es kommt überhaupt nicht darauf an, daß der Bezug tatsächlich nachvollziehbar oder gar sinnvoll ist. Soviel kann ja auch ein zitiertes Vorbild mit einem neuen Buch gar nicht zu tun haben. Aber es wird sich bestimmt der eine oder andere Leser ausgeschlossen fühlen, die Kritiker werden weise die Häupter wiegen, und − wer weiß − vielleicht wird auch so mancher kulturbeflissene Leser beeindruckt sein.

Wer hätte auch gedacht, daß ›Falsche Bewegung‹ eine moderne

Kurzfassung von Goethes ›Wilhelm Meister‹ ist — was?! Nicht gemerkt! Die Namen der Protagonisten verraten doch schon alles. Wenn jemand Wilhelm heißt und eine Mignon trifft, dann muß einfach alles klar sein. Wenn ein Protagonist dagegen Gregor K. heißt, wissen wir genau: Das hat jetzt irgendwas mit Kafka zu tun . . . was genau, weiß natürlich auch keiner.

Bei der Wahl der Namen sind die wahren Literaten völlig hemmungslos und scheuen keine sogenannten *sprechenden Namen*. Es ist wie im Leben, wo ein Informant durchaus Pfeiffer heißen kann, und ein Bordellbesitzer Schwanz.

Oft sagen die Namen gar nicht so viel über die Figur, dafür aber mehr über den Anspruch des Dichters, der damit ein kleines Signal ACHTUNG TIEFSINN setzt — mehr nicht. Oder gibt es eine andere Erklärung dafür, warum der Torwart, der immer Angst hat beim Elfmeter, ausgerechnet Bloch heißen muß und der Held im Buch ›Sünden der Faulheit‹ Lacan? Was sollen wir uns dabei denken? Nun, wir denken uns was, sagen aber nur: »Oh, was für *beziehungsreiche* Namen!«

Auch Kritiker freuen sich über jedes Zitat, über jeden möglichen Vergleich und Bezug. Allerdings ist ihr ständiges Aufspüren von *Bezügen* und *Vergleichen* nie erklärend, sondern immer nur selbstverliebt. Wenn etwa Reich-Ranicki, unser Kritiker-Papst, über Thorsten Becker sagt, daß ihn seine Sätze an Thomas Mann erinnern, dann wird damit nicht etwa ernsthaft die Frage gestellt, warum man denn heute noch so schreiben sollte . . . Ach was! Damit schmeichelt er sich nur selbst, weil er es so brav bemerkt und als erster ausgesprochen hat.

Kritiker brauchen solche Vergleiche natürlich auch, um ein weiteres Instrument der Willkür in der Hand zu haben. Denn ähnlich wie die Tatsache, daß etwas kein Roman ist, sowohl zu Jubel als auch zu Abscheu Anlaß geben mag, so kann auch ein *Vergleich* sowohl gut als auch schlecht sein. (Sehr interessant, äußerst interessant . . .) Wenn ein Autor — etwa Koeppen — an Joyce erinnern soll, kann das heißen, daß das sehr gut ist, ja das Beste, schließlich ist auf der gegenwärtigen Kunst-Skala JOYCE so ziemlich die oberste Markierung, — und mit ihm in einem Atemzug genannt zu werden ist das größtmögliche Lob in so manchem literarischen Weltbild. Andererseits kann mit so einem Vergleich der Autor immer auch hinter sein (angebliches) Vorbild zurückgeschoben werden, nach dem Motto: Joyce hat das alles schon besser gemacht. Und viel früher.

Literaturhaltige Literatur erkennt man übrigens *nicht zuletzt* daran, daß die Helden solcher Bücher selber ständig zum Buch greifen, lesen, oder sich gegenseitig vorlesen. Dabei werden die Figuren nicht nur hinterrücks charakterisiert durch das, was sie lesen, nein, das ganze Buch kriegt gleich so ein gewisses Aroma. Wenn etwa im ›Kalkwerk‹ von Thomas Bernhard dauernd Kropotkin gelesen wird, dann gibt das nicht nur eine Duftnote von Belesenheit und Erwähltheit, sondern auch von Anarchie und Adel. Ideal. Wenn der Held im ›Fliehenden Pferd‹ die Tagebücher Kierkegaards liest, – dann ist er auch selbst schuld. Wenn aber der Held im ›Kurzen Brief zum langen Abschied‹ immer wieder im ›Grünen Heinrich‹ liest, heißt das, daß das Buch ebenfalls ein Entwicklungsroman ist.

Lieber Leser, manchmal habe ich da eine Vision:

Ich sehe ein Alpendorf im Nebel, bewohnt von alten Männern, durch Inzucht debil und vom vielen Wichsen schon ganz tadderich geworden. Wie Gefangene, die sich nur noch die Nummern ihrer Inselwitze erzählen müssen, um in schallendes Gelächter auszubrechen, so genügt ihnen schon eine kleine Andeutung, um in schallende Ernsthaftigkeit auszubrechen (falls man sich das vorstellen kann). Es ist, als hätten sie den Satz von Hanns Eisler »Wer nur was von Musik versteht, versteht selbst davon nichts« auf Literatur angewand und auf den Kopf gestellt:

> **Nur der versteht was von Literatur,**
> **der *nur* was von Literatur versteht.**

Zum Glück müssen wir da nicht leben und so tun, als wäre das die ganze Welt. Als Hochstapler müssen wir allerdings durchblicken lassen, daß wir das Dorf einigermaßen kennen.

Die bessere Literatur verrät nicht, was sie will

Inzwischen haben wir vielleicht schon ein Gespür für die besonders literarischen Themen. Nun sehen wir uns nochmal einige Titel an, die nicht nur alle, ach, so negativ klingen, sondern auch so seltsam vage und nichtssagend – na, literarisch eben. Wir wissen warum: All diese vagen, wabbeligen Titel, die nichts verraten sollen, sind wie der berühmte Pudding, den man einfach nicht an die Wand nageln kann, – da ist nichts zu machen, so sind nun mal die waschechten literarischen Themen. Unser anfängliches Bild also, von der Literatur als Wackelpudding, war – in aller Bescheidenheit – gar nicht so schlecht.

Lassen wir uns mal einige Titel von Hans Erich Nossack auf der Zunge zergehen, nur als Beispiel, wir werden dann schon auf den Geschmack kommen: ›Die gestohlene Melodie‹, ›Das kennt man‹, ›Spätestens im November‹ . . . Na? Wie schmeckt uns das? ›Unmögliche Beweisaufnahme‹ – Möchte man da nicht gleich unterbrechen und sagen: Na gut, dann lassen wir's eben! Oder: ›Dem unbekannten Sieger‹ – Nicht gerade sein bekanntestes Buch, aber ahnen wir nicht, daß da wieder mal ein Sieger leer ausgehen soll? Oder: ›Am anderen Ufer‹ – Ja, und hier? Möchte man fragen. Auf dieser Seite? Hier ist wohl gar nichts los, oder? ›Der jüngere Bruder‹ woran liegt das bloß? Man muß nur den Titel hören, schon hat man den Eindruck, daß einen der ältere Bruder eigentlich mehr interessieren würde. ›Begegnung im Vorraum‹ – hätten die sich nicht woanders treffen können? Ja, es verdichtet sich der Eindruck, daß hier absichtlich auf Nebenschauplätze ausgewichen wird, auf Abstellgleise; daß es hier um die Grautöne geht, um feine Schattierungen, um Fehlfarben möglicherweise. Es sind alles nur Übergänge, Vorstudien, erst ›Beim nächsten Mann wird alles anders‹; beim nächsten Buch noch nicht. Da ist nämlich schon wieder von Zwischenräumen die Rede, im »Gespräch über Zwischenräume«. Vielleicht erklingen da auch diese *Zwischentöne*, die wie Degenhardt mal gesungen hat, nur Krampf sind.

So eine Unentschiedenheit ist auch nicht immer leicht zu ertragen, da ist der ›Mann in der Schwebe‹ und ›Die Mauer schwankt‹, immer noch – da wird man langsam kribbelig. Und dann dieses ewige ›Warten auf Godot‹ und dabei genau wissen, daß er doch nicht kommt.

›Mein Name sei Gantenbein‹ – Und wie, so möchte man fragen, heißt er wirklich? Etwa Frisch? Warum so unbestimmt? Man zähle nur mal die Semikolon auf den ersten Seite dieses Buches. Gut, es kann sein, daß bei der Schreibmaschine von Frisch, oder wie er sich damals nannte, die Taste für das Komma irgendwie klemmte und er schon deshalb Satzkonstruktionen mit Semikolon vorgezogen hat; aber es kann auch sein, daß ihn die Unentschiedenheit dieses harmlosen Satzzeichens, das so wunderbar unschlüssig zwischen Punkt und Komma changiert, einfach fasziniert hat. Auch das »sei« klingt noch so unschlüssig, so vorläufig irgendwie, ja, willkürlich auch – literarisch eben.

›Mutmaßungen über Jakob‹, ›Nachdenken über Christa T.‹ Können die nicht erstmal in Ruhe fertig überlegen und dann ihre Ergebnisse mitteilen? Ist Christa T. vielleicht ’ne alte Bekannte von Christiane F? Es bleibt so unklar, verschwommen und verwaschen wie verwackelte Fotos, die Verwandte geknipst haben, die überraschend zu Besuch gekommen sind, und die man eigentlich nicht besonders mochte. ›Eigentlich möchte Frau Blum den Milchmann kennenlernen‹. Eigentlich schon, aber . . . Inzwischen hat sie die Ehre verloren, oder wie? Nehmen wir auch mal den Titel eines Filmes von Alexander Kluge, ›Die Artisten in der Zirkuskuppel, ratlos‹ – Selbst die wissen nicht weiter.

Kein Wunder, daß die Österreicher so eine Vorliebe für den Konjunktiv Eins haben. Immer dieses Kann-sein-kann-auch-nicht-sein-Getue, mit dem sie sich nicht festlegen müssen. Immer halten sie ein Hintertürchen zur Unwirklichkeit auf, so daß man langsam das Gefühl hat, daß es von irgendwoher zieht. Man versuche nur mal ein Buch wie ›Die Hornissen‹ zu lesen – Man kriegt den Konjunktiv-Koller. Dann vielleicht doch lieber Luise Rinser, von der ja die ›Titanic‹ nicht müde wird zu behaupten, daß sie die Konjunktivregeln nicht richtig beherrsche, oder beherrschte oder beherrschen würde oder täte, – daß sie es halt nicht kann.

Doch nicht nur, daß alles so vage ist, es ist auch so *vergeblich*: ›Anrufung des großen Bären‹ – Ja, ob der je antworten wird? Können wir da nicht gleich die ›Vergeblichen Aufzeichnungen‹ lesen, nachdem wir die ›Lieblosen Legenden‹ auch schon hinter uns haben? Diese vagen Titel sind geradezu typisch für die fünfziger Jahre, als auch in der Politik so vieles nur vorläufig sein sollte mit Bonn als provisorischer Hauptstadt. Da wollte sich noch keiner festlegen.

Und heute? Warum ist immer noch nichts los? Na gut, das Land ist eine einzige *Provinz* und das Leben ist nun mal langweilig. Doch warum muß die Literatur auch so sein? Hier wirken immer noch die Worte Adornos nach, der (es vielleicht nicht so gemeint hat, aber) die Idee vom *autonomen Kunstwerk* in die Welt gesetzt hat und damit auch die Vorstellung, daß sich ein Stück Literatur gleichsam schmutzig macht, wenn es an irgendeiner Stelle mit dem richtigen Leben in Berührung kommt – es gibt eben kein richtiges Leben im falschen. Wer nur mal von Adorno gehört hat (also fast jeder) kann nun überall den *Ideologieverdacht* wittern, und findet nichts mehr so richtig gut. Zusammen mit einer dunklen Vorstellung von Freud mischt sich Adornos Erbe zu einem common sense, den man getrost augenzwinkernd common nonsense nennen kann. Daraus ist ein ungemütliches geistiges Klima entstanden; ein Klima, in dem es fast immer nur bewölkt ist, doch nie richtig blitzt und donnert. Und nie scheint einfach nur die Sonne.

Also geht es bei den Dichtern auch immer nur hin und her. Kierkegaard hat schon früh einen geradezu klassischen Titel erfunden: ›Entweder Oder‹. Klasse! Überbieten könnte man das nur noch mit einem Titel wie ›Weder noch‹. Und Titel in der Art gibt es tatsächlich jede Menge: ›Krieg und Frieden‹, ›Haben und Nichthaben‹, ›Groß und klein‹, ›Die Jasager und die Neinsager‹, ›Die Innenwelt der Außenwelt der Innenwelt‹, ›Vorwärts rückwärts‹, ›So oder anders‹ – Ja, wie denn nun? Oder auch ›Liebe und Schatten‹ – Liebe wäre ja mal was Schönes zur Abwechslung, aber natürlich der reine Kitsch, also muß da noch ein Schatten her. Auch bei ›Die Liebe in den Zeiten der Cholera‹ haben wir beim Reinbeißen gleich wieder diesen typisch süßsauren Geschmack.

Ja, ja, der wahre Literat − er mag sich einfach nicht entscheiden und wenn, dann wählt er lieber keins von beiden

Die Dichter sind wie wir: Sie wollen sich nicht festlegen lassen. Manchmal konnten sie sich nicht mal auf einem Titel festlegen und bieten gleich zwei an, soll sich der Leser doch einen aussuchen: ›Kopfgeburten. Oder: Die Deutschen sterben aus.‹ Oder auch nicht? Oder doch? Oder wie? Oder was?

Oder ›Spielende‹ von Ulla Hahn. Soll das heißen, daß da welche spielen, oder daß das Spiel schon wieder zu Ende ist? Der Titel läßt es offen. Wir dürfen aber, nach allem was wir inzwischen wissen, annehmen, daß die Möglichkeit mit dem »Ende« wahrscheinlicher ist.

Diese besondere Art des Larifaris hat schließlich gute literarische Tradition. Schon in der Barocklyrik kennt man die rhetorische Figur des *Oxymorons*; und *Stilfiguren* konnten damals noch vorgeschrieben werden, denn es gab noch verbindliche Regeln, festgelegt etwa in der Schule von Martin Opitz − wie wir natürlich wissen. Ein Oxyromon ist sowas wie »bittersüß«, sowohl-als-auch.

Prima! Das übernehmen wir gleich. Wir sprechen ab sofort immer nur von einem *schrecklich-schönen* Buch, so *schön böse* irgendwie, eine *quälend-faszinierende* Prosa, die uns Himmel-hochjauchzend-zu-Tode-betrübt . . . und so weiter. Wir haben uns schließlich schon früh an Sätze mit *gleichwohl* gewöhnt. Na bitte. Entwickeln wir doch daraus unseren ganz speziellen Hochstapler-Stil. Schnappen wir dazu noch ein paar *Paradoxien* auf − im Feuilleton wimmelt es davon! Alles, was da knapp und paradox formuliert ist, gilt schon als *Bonmot* oder gar *Pointe* und als Inbegriff von Weisheit und Esprit. Dabei geht es ganz leicht. Unerträglich leicht.

Bei Brecht dann − viel später − finden wir ähnliche Stilmittel: Es kommt uns immer so vor, als würde sich der Autor ständig selbst widersprechen. Doch jetzt ist das ganz was anderes. Jetzt ist das die *dialektische* Methode.

Es sieht fast so aus, als hätten die Schriftsteller immer wieder versucht, sich rauszuhalten, sich nicht festlegen zu lassen, weil sie fürchten mußten, daß ihnen sonst die Kunst zur reinen Propaganda verkommen müsse. Goethe, der wieder mal herhalten muß, hat noch gesagt, daß ein politisch Lied ein garstig Lied sei und ist sowieso fein raus, weil sich die starke Politisierung der Kunst erst nach seinem Tode so richtig zum Problem mauserte, wie nicht zuletzt die Schicksale von Heine oder Fallersleben zeigen.

Doch dieses Sowohl-als-auch ist immerhin kein Kitsch. Denn Kitsch ist alles, was einseitig ist, was keine Tiefe hat – und somit auch keine Höhe. Kitsch ist es, wenn die Guten nur gut und die Bösen nur böse sind. Literatur ist es, wenn sie gebrochen sind, besser noch: *vielfältig gebrochen*, oder *stets gebrochen*. Wenn sie beispielsweise Gutes tun wollen, aber Ungutes dabei anrichten, das ist dann schon eher Literatur. Oder wenn Verlierer im Scheitern noch einen kleinen Sieg erringen.

Nun ist auch klar, daß wir keine richtigen Helden mehr wollen, auch keine Antihelden, keine ›Schönen Verlierer‹ (guter Titel übrigens, klingt sehr literarisch), nicht mal mittelmäßige Helden wollen wir, wie man sie etwa in den Romanen von Erich Loest findet – sowas ist alles nicht *widersprüchlich* genug. Wir dürfen es uns eben nicht leicht machen mit der Bewertung der Figuren und ihrer Taten. Sonst ist es trivial. Leider. Nur Frauen dürfen – jedenfalls im Augenblick – Bücher schreiben, in denen alle Männer nur schlecht und alle Frauen nur gut sind. Das darf man dann auch nicht kritisieren, – jedenfalls nicht als Mann.

Doch das ist die Ausnahme. In der Regel bleiben die Dichterinnen und Dichter gerne bei ihrem Sowohl-als-auch und ihrem ahnungsschwangeren Wischi-waschi. Beliebt sind daher auch Fragen im Titel; Fragen, von denen man allerdings schon ahnt, daß sie sowieso nie zufriedenstellend beantwortet werden: ›Wo warst du, Adam?‹, ›Was tun?‹, ›Wie kommt das Salz ins Meer‹, ›Lyrik wozu?‹, ›Was ist was?‹ – Tja, schwer zu sagen.

Woher sollen wir das eigentlich wissen?

Die bessere Literatur
tut immer so bescheiden

Doch lassen wir uns nicht täuschen. Selbst wenn diese Titel so vage und betont nutzlos daherkommen, heißt das nicht etwa, daß sich die Autoren inzwischen einer Bescheidenheit befleißigt hätten, die ihnen gleichwohl ganz gut anstünde. Das nicht: Die Ironie dabei ist ja, daß wir die vergeblichen Aufzeichnungen trotzdem lesen sollen, auch wenn der Schriftsteller sich schon mal in putativer Notwehr aus der Affäre ziehen möchte und gleich freiwillig zugibt, daß sowieso alles vergeblich ist.

›Mitteilungen an Max‹ − was sollen wir dazu sagen? Kennen wir überhaupt einen Max? Wenn nicht, dürfen wir dann trotzdem mal reingucken, auch wenn es sowieso nur Mitteilungen sind, also noch lange keine richtige Literatur? Oder ein ›Brief an Lord Liszt‹ − Post darf öffnen − wir auch? Was geht uns das eigentlich an? ›Das dritte Buch über Achim‹ − Oh, schon das dritte! Und wir haben noch nicht mal das erste gelesen. ›Die Geschichte des Bleistifts‹ Ja, geht es eigentlich noch bescheidener? Ist es nicht geradezu aufdringlich unwichtig? Fast schon ranschmeißerisch unbedeutend? Erpresserisch nichtssagend?

Doch lassen wir uns nicht täuschen: Die Bescheidenheit ist nur vorgetäuscht. Wir finden hier ein ähnliches Phänomen wie bei den Schwaben: Die tun vordergründig dermaßen bescheiden, daß sie sich sogar ein 120er-Emblem an ihrem 240er-Mercedes anbringen lassen. Hintergründig aber halten sie sich doch für die Größten. Wenn sie sich nämlich unbeobachtet fühlen und Witze erzählen, dann haben die nicht selten die Pointe, daß selbst der Herrgott vor der Gerissenheit der Schwaben kuschen muß. Das geringe Selbstbewußtsein, auf das schon Hermann Hesse reingefallen ist, war bloße Tarnung. Ganz ähnlich bei den heiser hauchenden Literaten: Die lachen sich vermutlich ins Fäustchen, wenn sie erfahren, daß es tatsächlich jemanden gibt, der ihre vergeblichen Aufzeichnungen gekauft hat und womöglich für bedeutsam hält.

Ja, ja, der wahre Literat − er tut nur so bescheiden
(Und deshalb kann ihn keiner leiden)

Die bessere Literatur gibt es fast gar nicht

Ähnlich verhält es sich mit der *Auflagenhöhe*, ja, fast möchte man sagen: der Auflagentiefe. Denn auch hier gilt: je weniger, desto feiner, desto besser. Ein Lyrikband, so hat Enzensberger gerechnet, verkauft heute 400 bis 800 Exemplare.

Was?! So wenig!

Nun − erstmal grundsätzlich: Wir finden Enzensbergers Essays stets *brilliant* formuliert, sind aber nie so ganz seiner Meinung. Natürlich hat er Erich Fried gar nicht berücksichtigt, oder Ulla Hahn, die mit einer Gesamtauflage von 100.000 verkauften Exemplaren die Statistik noch mal ziemlich rausgerissen hätte, − sowas ist für ihn nämlich keine Literatur, auch nicht Ulla Meinecke, wenn wir schon bei den Ullas sind. Die kennt er vermutlich gar nicht ... Meinecke? Meinecke? War das nicht diese Terroristin? Oder Hochspringerin? Schreibt die jetzt etwa auch Gedichte?

Oder Frau Allert-Dingenskirchen! Sowas diskreditiert sich doch von selbst − vor allem durch die hohe Auflage. Obendrein sind die Gedichte verständlich, womöglich schon beim einmaligen Lesen. Also, wenn das alles Literatur sein soll, dann kann ja jeder kommen.

Es kommt auch jeder. Gerade in der Lyrik gibt es die vielen Klein- und Alternativ-Verlage, die zum Teil dann doch hohe Auflagen erzielen. Und wenn Enzensberger meint, gerade durch ihre niedrige Auflage und ihren *minoritären Charakter* sei die Literatur wieder »frei«, dann hat er damit sicherlich nicht so jemanden wie Fredericke Frei gemeint.

Doch wir verstehen ihn schon richtig. Gut wird es erst bei möglichst geringer Auflage. Alles klar. Arno Schmidt soll zeitweise nur 800 Leser gehabt haben . . . ach, was sagen wir denn? 80! Mit Zahlen kennen wir uns eh nicht so aus, sagen wir getrost, daß er nur 8 Leser hatte (einer davon waren wir). Auch ›Warten auf Godot‹ soll im ersten Jahr des Erscheinens nur hundert-undsoundsoviele Exemplare verkauft haben. Aus dem 2001-Katalog wäre so ein Titel gleich wieder ausgemustert worden. Robert Browning schließlich hat von seinem ersten Gedichtband kein Exemplar verkauft. Keins! Nicht mal seine Mutter hat eins gekauft. Das dürfte der Rekord sein. Glückwunsch! H.C. Artmann hat allerdings auch mal davon gesprochen, daß einer Dichter sein könne, ohne auch nur eine Zeile zu schreiben – das wäre dann noch besser!

Ein richtiger Dichter soll sich am besten gleich verkrümeln, soll sich dem Publikum *entziehen*, sich *verweigern*. Er muß immer wieder ins »Menschenleere« treten, vielleicht auch ins »Offene«. Denn das Publikum ist nun mal blöd. Damit darf man nichts zu tun haben. Das Publikum liest sogar die Bücher, die auf der Bestsellerliste stehen (oder kauft sie zumindest); bevorzugt hemmungslos Sachbücher; merkt nicht, wenn die Erzählsperspektive nicht stimmt; und bestellt jedes Jahr kurz vor Weihnachten einen Bildband über Ostpreußen. Schon immer irrte das Publikum: Es kaufte massenhaft ›Rinaldo Rinaldini‹ und nicht etwa die ›Die Wahlverwandtschaften‹, es hat Geibel mehr geschätzt als Goethe kurz: Das Publikum versteht einfach nichts von Literatur.

Na gut. Verstanden. Ein bißchen Volksverachtung kriegen wir auch noch hin. Da müssen wir nur mal in einen Großraumwagen mit Bundeswehrsoldaten. Schon sind wir wieder in der richtigen Stimmung. Schon können wir die Menschen im allgemeinen (und die Jugendlichen im besonderen) nicht mehr ertragen und wollen nur noch sowas Minoritäres – wie eben Literatur.

So erkennen wir die bessere Literatur

Checkliste/ Literatur-TÜV
Wir fragen: Lassen sich Restbestände nachweisen von:

Bezügen auf andere Literatur
- durch den Titel?   20 Punkte
- durch die Figuren?   10 Punkte
- durch Zitate?   10 Punkte

- Gibt es ein literarisches Thema?   10 Punkte
- Wenigstens ein historisches Thema?   5 Punkte
- Wird in den Büchern gelesen?   5 Punkte

Weitere Sonderpunkte gibt es für Verweise, Vergleichsmöglichkeiten, Anspielungen auf: Antike (15 Punkte), Hölderlin (15 Punkte), Goethe (10 Punkte), Shakespeare (10 Punkte), Joyce (10 Punkte), Kafka (5 Punkte), Kleist (5 Punkte), Rilke (5 Punkte), Arno Schmidt (1 Punkt)

Wichtig: Aus der möglichst hohen Punktzahl läßt sich der Prestigewert der besseren Literatur ablesen!

V. DAS GUCKEN WIR DEN DICHTERN AB

Auch im Lager der Literatur herrschen Zweifel; die Dichter im Olymp, ratlos. Jedenfalls sind sie nicht so sicher. Auch ein Goethe hatte einen Lektor, der ihm Sätze wieder strich. Nobelpreisträger Gerhard Hauptmann schrieb Manuskripte, die sein Verlag ablehnte. Thomas Mann schrieb ein mißglücktes Theaterstück . . . Nun ja, über alle anderen Werke ließe sich streiten, sein Theaterstück ging sicher daneben.

Warum auch nicht? Fast alle hatten eben mal einen Durchhänger oder Konditionsschwächen. Manche merkten es auch und liebten ihre mißglückten Werke wie besonders schwierige Kinder. Fitzgerald etwa. Der merkte schon selber, daß seine Geschichten ihm zwar immer mehr Geld einbrachten, aber immer schlechter wurden – ganz unsere Meinung.

Da können wir getrost die These wagen, daß auch die ganz Großen eigentlich immer nur *ein* gutes Stück geschrieben haben. Was ja auch völlig ausreicht, sie zu unsterblichen Dichtern zu machen.

Na ja, und das andere waren halt Wiederholungen. Schon im frühen Werk war bereits alles angelegt, und wir haben es natürlich schon rausgelesen, – den ganzen Heine etwa aus dem ›Buch der Lieder‹. Tja, und danach . . . nichts Neues mehr, oder im Grunde nichts Neues. Schließlich haben die meisten *immer auch* an ihrem Erfolg gelitten, – ja, sehr schön ist die These, daß sie alle am *Erfolg gescheitert sind*! Sie standen unter ungeheurem Druck, hatten wahnsinnige Schreibschwierigkeiten, besonders bei ihrem zweiten Werk – na, und so weiter.

Außerdem haben sie selber nur ein äußerst unzuverlässiges Urteil über Literatur. Immer wenn sie sich mal zur Literatur im allgemeinen, oder schlimmer noch über das Schreiben selber, geäußert haben, dann war das in einer schwachen Minute und eher ein Krisensymptom, ein Anzeichen dafür, daß ihnen nun nichts mehr einfiel − wie schon Chandler bemerkte. Manche, wie Günther Eich, haben es grundsätzlich abgelehnt, sich dazu zu äußern. Andere haben vom *Werkstattgeheimnis* geflüstert, womit sie ihre Werke ein Stück weit zu Zaubertricks machten. Jedenfalls waren sie damit fein raus.

Daß selbst die Großen nicht taugen, uns zu sagen, was eigentlich Literatur ist, zeigt schon die regelmäßige Fehleinschätzung ihrer eigenen Werke. Goethe hat bekanntlich seine Farbenlehre für bedeutsamer gehalten als seine Gedichte. Und so geht es reihum: Mark Twain wollte ›Huckleberry Finn‹ gar nicht erst zu Ende schreiben, weil er es einfach zu schlecht fand (etwa im Vergleich zu seiner eher langweiligen König-Artus-Geschichte). Lewis Caroll fand seine ›Alice im Wunderland‹ auch nicht so doll und hielt dagegen seine Opernlibretti für die wahre Kunst.

So kann man sich irren.

Fast alle irrten sich. Fast alle litten unter einer grauenhaften Selbstüberschätzung, als könnte nur der ein wahres Genie werden, der sich schon zu Lebzeiten so aufführt. Gerade wenn ihre Texte ins Philosophische gehen, geht ihre Selbstüberschätzung gerne ins Uferlose, man denke nur an Nietzsche oder Kierkegaard. Aber auch bei den Dramatikern finden wir oft dramatische Selbstüberhöhungen, so hat sich Georg Kaiser etwa für einen zweiten Shakespeare gehalten − vielleicht kein Wunder bei dem Namen.

Fast alle Dichter hatten in der Beziehung einen echten Hau. Es gibt wenige Ausnahmen, Čechov zum Beispiel, der schon deshalb besonders sympathisch ist. Der mußte erst durch Kollegen wie Turgenjew darauf gestoßen werden, daß es eigentlich große Literatur ist, was er da macht und nicht nur nette Unterhaltung, und daß er das getrost ein wenig ernster nehmen könnte. Bei andern Autoren war so ein Zuspruch nicht nötig. Die nahmen sich alle selbst schon ernst genug (- müssen wir also nicht auch noch tun).

Und wenn schon die Dichter sich selbst nicht richtig einschätzen konnten, so wird es noch schlimmer, wenn sie etwas über Kollegen sagen. Hier liegen sie eigentlich immer daneben. Hier bringen sie es höchstens fertig, ein Gefälligkeitsurteil zu fällen und einen Epigonen ihrer selbst zu überschätzen.

»Wer schreibt, liest nicht«, so markig knapp konnte sich nur einer aus der Affäre ziehen: Hemingway. Die meisten haben aber doch gelesen, was die andern so geschrieben haben und haben sich dazu geäußert — aber, ach, wie falsch!

Auch hier muß wieder Goethe mit leuchtendem Beispiel vorangehen: Er hat den armen Kleist völlig verkannt. Auch das Zerwürfnis zwischen Heine und v. Platen spricht nicht gerade dafür, daß der eine den andern überhaupt richtig verstanden hat. Es gibt sogar ganze Bücher, die so wirken, als wollte hier mal einer so richtig die Sau rauslassen, nach dem Motto aus einem Lied von Georg Kreisler: »Jedem Künstler ist es recht, spricht man von andern Künstlern schlecht«. In diesem Sinne gibt es allerlei Bekenntnisse, Gespräche, Interviews, Nachlässe, *Memoiren*, — etwa die von Truman Capote oder Claire Goll. Wir wissen auch, wie Thomas Mann über die andern Manns gedacht hat und was er sich für abfällige Bemerkungen über Feuchtwanger geleistet hat — das ist so üblich.

Bedenken wir nur, wie schlecht Arno Schmidt über seinen Freund und Förderer Andersch gedacht hat, und bedenken wir die gelegentlichen Interviews mit Peter Handke, der je nach Saison, Brecht nie leiden konnte, Kafka haßt, oder doch lieber nicht zur Weltliteratur gehören möchte, weil er damit ja in einem Atemzug mit sowas wie Thomas Mann genannt werden würde und damit will er dann doch nichts zu tun haben. Nur zu . . .

Ist ja auch in Ordnung so. Jeder Künstler ist eben ein Kosmos für sich. Da gibt es Gegnerschaften, Unvereinbarkeiten Benn gegen Brecht etwa — *Abgrenzungen* allüberall; Abgrenzungen, die einen jeden Künstler zu dem machen, was er schließlich auch sein soll: ein Unikum. Ein Künstler ist stets ein unverwechselbares »Einzelkind der Musen« wie schon Shakespeare sagte . . . nein, gar nicht wahr, Goethe sagte das, — nein, auch nicht: André Heller vielleicht? Nein, der Spruch stammt — in aller Bescheidenheit — von mir. Nur mal als Beispiel, um zu zeigen, daß es gar nicht so schwer ist, sich selbst ein paar schöne Zitate auszudenken. Möglichst mit Genitiv! Ein paar Goethe- oder Shakespeare-Worte sollten wir natürlich auch stets parat haben. Gerne auch selbstgemachte Zitate. Hölderlin nicht vergessen!

Aber es stimmt auch: Jeder Künstler hat nun mal seinen eigenen

Stil, seine eigenen Themen (möglichst literarische, versteht sich), sein eigenes Schicksal. Er ist schlichtweg *unvergleichbar*. Daß Kritiker es dennoch nicht lassen können, immer wieder Vergleiche zu ziehen und Bezüge herzustellen, zeigt nur, daß sie die Literatur sowieso grundsätzlich mißverstehen. Aber wir merken uns an dieser Stelle die feste Regel:

Alle sind sie *Außenseiter*.
Ja, es gibt überhaupt nur Außenseiter!

Gut so. Dann brauchen wir auch nie über den Normalfall zu reden, weil es den ja gar nicht gibt. Es gibt auch keine *verbindlichen Kriterien*. Alle sind eben Sonderfälle. Vor allem stehen sie alle *außerhalb des Betriebes*, oder besser gesagt: Sie *verweigern sich standhaft*. Oder in harten Fällen auch mal *hartnäckig*. Jedenfalls gibt es nur Ausnahmen, *krasse* Außenseiter und *Sonderfälle*; selten mal, aber da müßte man wirklich Glück haben, gibt es auch einen *Glücksfall*.

Der Trick mit den Kleinigkeiten

Was nun können wir von den Dichtern lernen? Zunächst können wir unser Selbstbewußtsein etwas aufbessern und müssen nicht mehr ganz so ein schlechtes Gewissen haben, wenn wir auch nicht wissen, was eigentlich Literatur ist. Und dann müssen wir lernen, selbst ein wenig Dichter zu spielen. Und hier kommt er nun endlich, unser heißester Tip — spät kömmt er, doch er kömmt:

Wir müssen uns, um effektiv zu bluffen, immer möglichst in die Nähe der Autoren bringen.

> **Unser Haupttrick, um einen möglichst guten Eindruck zu machen, ist der, möglichst *vertraut* zu *tun* mit den Genies.**

Sie sind ja doch der harte Kern. Und wir gehören fast schon mit dazu. Wir benehmen uns wie Eckermann persönlich. Wir plaudern viele Kleinigkeiten aus dem Leben der großen Dichter aus und erzählen munter von ihren Leiden, so daß der Eindruck entsteht, wir wüßten bestens bescheid. So kommen wir auch gar nicht erst in die Verlegenheit, uns der Frage auszusetzen, ob wir denn auch eines der Bücher gelesen hätten. Es sind dabei wieder die Kleinigkeiten, die Wunder wirken. Wir werden schon sehen. Die Alleswisser werden endlich verstummen und die Kulturschnepfen werden uns zu Füßen liegen.

Wenn wir nur eifrig so tun, als hätten wir die Fußnoten gelesen, oder auch nur *eine* Fußnote, macht das schon den Eindruck, so als wüßten wir auch den ganzen Rest. Also: Plaudern wir über *Marginalia* und setzen einfach alles andere als bekannt voraus. Dies bringt uns auch in eine gute Position: Indem wir den andern unterstellen, daß sie das alles selbst auch wissen, verunsichern wir sie etwas. Wahrscheinlich werden sie es dabei belassen und nicht etwa offenbaren, daß sie eigentlich gar nicht die Voraussetzungen haben, weiter mitzureden und werden sich gleichwohl aus ihrer unsicheren Position heraus hüten, genauer nachzufragen. In diese Ecke müssen wir unsere Gesprächspartner bringen: Sie müssen schon langsam Angst haben, sich vor uns zu blamieren.

Wir rücken jetzt mit unglaublichen Details aus dem Leben der Dichter raus, als stünden wir schon lange mit ihnen auf Du und Du, als hätten auch wir unseren zweiten Wohnsitz auf dem Olymp. Es kommt dabei nur auf die Kleinigkeiten an. Es muß etwas sein, das sowieso keiner besser weiß, auch gar nicht besser wissen kann. Dann kann uns nichts passieren. Also, sagen wir etwa: »Jules Verne ist in seinem Leben insgesamt nur zwölf (oder geben wir ihm elf) Kilometer gereist. Und dann diese fantastischen Reisen, um die Welt, zum Mond, zum Mittelpunkt der Erde . . . « Oder: »Grabbe hat Detmold insgesamt nur zweimal verlassen.«

Oder auch: »Balzac hat ganze vier Tage lang geweint, als er seine Eugénie sterben ließ, und vierzehn Flaschen Wein hat er dabei getrunken.« Bis hin zu: »John Updike schreibt seit seinem ›Gottesprogramm‹ nicht mehr am Computer.«

Wichtig dabei: Nicht etwa einen Satz bilden mit »Balzac *soll ja*«, oder mit »angeblich«. Wir sagen auch nie »in etwa«, »ungefähr« oder »irgend«. Alles immer nur ganz sicher. Und sehr stark ins Detail gegangen:

«William Thackeray hat in seinem ›Jahrmarkt der Eitelkeiten‹ fast keine Fehler. Allein die Erfindung des Mineralwassers hat er um zwei Jahre vorverlegt.« Oder: »Fitzgerald läßt in seinen jeweils fünften und siebten Kapiteln die Farbe Gold dominieren.« Wobei es natürlich unerlässlich ist, solche »Erkenntnisse« vorzutragen, als wären sie das Wichtigste bei der Sache.

Am besten sind immer Beispiele aus der Nähe der Autoren, aus ihrem persönlichen Umfeld. Aus ihrer Verwandtschaft, wenn es sein muß! Vielleicht kann man bei der Gelegenheit auch ein kleines Kompliment an die Gastgeberin loswerden, falls man gerade irgendwo zu Gast weilt; wer weiß, vielleicht können wir uns doch noch ein wenig beliebt machen . . . Sie wissen ja, schon Robert Walser hat so eine Situation vortrefflich beschrieben. Was immer auf dem Tisch kommt, wir können sowas sagen wie: »Oh, Wachtelbrust, das Lieblingsessen von Proust!«

Oder: »Ah, nach Brigitte-Rezepten kochen sie, äußerst interessant. Vielleicht wissen Sie auch, daß sich Patricia Highsmith stets von Kochbüchern inspirieren läßt. Daran kann sie nämlich ermessen, wozu Menschen in der Lage sind.«

Schließlich, wenn der Abend vorangeschritten ist und alle dem Weine zusprechen . . . vielleicht gibt es leckeren Portwein, nur wir bleiben wieder mal standhaft beim Mineralwasser, weil wir noch Auto fahren . . . ja, Thackeray hatten wir schon, was nehmen wir denn da? Also:

»Oh, Mineralwasser, köstlich! Charles Bukowski trinkt inzwischen nur noch Mineralwasser, und zwar genau diese Marke, mit diesen vielen wertvollen Mineralien . . . «

Und man hört auch in letzter Zeit immer weniger von ihm. Aber egal. Nun haben wir den Bogen raus, stimmt's? Wenn wir endlich gehen und unser Jackett überziehen, können wir noch eine Bemerkung darüber verlieren, daß Brecht sich seine Rollkragenpullover immer in der Schweiz anfertigen ließ und daß Majakowskis Jacketts gar nicht so sehr gelb waren, sondern mehr ocker. Und damit lassen wir unsere Gastgeber zurück mit dem dreckigen Geschirr und dem tröstlichen Gedanken, daß Marion Zimmer Bradley sich immer bei der Hausarbeit inspirieren läßt und ihr die besten Ideen beim Staubsaugen kommen.

Verstanden? Eher lassen wir Mörike an Schluckauf leiden und erfinden für Lord Byron eine javanische Haushälterin, als daß wir zugeben würden, daß wir aus dem ›Ulysses‹ nur die letzten siebzig Seiten (den berühmten stream-of-consciousness, und die saftigen Stellen) gelesen hätten. Eher erfinden wir einen entfernten Onkel von Ibsen, der unter mysteriösen Umständen Selbstmord begangen hat — ausgerechnet Weihnachten! —, als daß wir zugäben, wir würden ›Woyczek‹, ›Effi Briest‹ oder gar den ›Zauberberg‹ nur als Film kennen. Wir dürfen nur Goethe nicht mit der Eisenbahn fahren lassen, das fällt auf.

Hier ist endlich mal ein weites Feld für kreatives Hochstapeln: Erfinden wir getrost den einen oder anderen verkannten Dichter, der übrigens ganz in der Nähe gewohnt hat, inzwischen ist ja der Ort eingemeindet worden, leider, seine Geliebte ist sogar hier beerdigt, das Grab ist allerdings nicht mehr aufzufinden, schade schade, und hoch interessante Gedichte hat er geschrieben, höchst interessante Gedichte sogar, praktisch den ganzen Brecht vorweggenommen, allerdings auch etwas langatmige Romane, die man heute nicht mehr unbedingt lesen muß (hier hört man die Gastgeber förmlich aufatmen, gönnen wir es ihnen . . .), und von ihm schießlich stammt das berühmte Zitat:

> **»Finden und Erfinden**
> **sind dem wahren Dichter**
> **ein und dasselbe!«**

Na bitte! Dem wahren Hochstapler natürlich auch.

Und nun, liebe Leserin, lieber Leser, ein Wort ganz im Vertrauen: Was glauben Sie, warum ich mir solche Mühe gemacht habe mit dem *Anmerkungsteil*?

Weil da das Wichtigste steht.

Bitte, lesen Sie das. Sie müssen ja nicht alles lesen. Lesen Sie, von mir aus, nur *eine* Fußnote. Oder stöbern sie einfach. Führen sie Ihre Gedanken im Fußnoten-Park spazieren.

Schon Schopenhauer sagte: In den Anmerkungen steht immer das Wichtigste. Verfahren Sie genauso: Wenn Sie meinen, sich wirklich mal informieren zu müssen, werfen Sie zunächst einen Blick auf die Fußnoten, merken Sie sich *einen* (möglichst unwichtigen) Aspekt.

Sowas macht den besten Eindruck!

VI. DAS GUCKEN WIR DEN WISSENSCHAFTLERN AB

Vom Lob der Anmerkungen ist es nicht mehr weit zur Wissenschaft, die ja ebenfalls eine gewisse Anmerkungsbesessenheit verrät. Wie steht es mit der Wissenschaft? Können wir von der nicht auch was lernen?

Doch.

Das erste, was wir lernen können, ist, daß wir von der Wissenschaft eigentlich nichts lernen können. Jedenfalls nichts, was die Literatur betrifft. Denn die Wissenschaft ist reine Leichenfledderei. Für wissenschaftliche Arbeit, sine ira et studio, wie es immer so schön heißt, gilt stets: Schmiede das Eisen, sobald es kalt ist. So hat die Wissenschaft eine selbstverständliche Verachtung für alles Moderne (aus ihrer Sicht: Modische), für alles Schnellebige (überhaupt alles, was lebt), für alles, was bei ihr unter den Begriff *Tagesaktualität* fällt und wofür sie sich nicht zuständig sieht.

Diese Verachtung zahlen wir ihr einfach zurück. Soll sie doch für alles Tote zuständig sein, soll sie doch; für alles, was schon jede Menge Fußnoten hat, und für die Literatur nur insoweit sie für uns nicht *mehr* interessant ist. Am besten wäre es, die Herren Wissenschaftler beschränkten sich ganz darauf, festzustellen, ob Oswald von Wolkenstein nun auf dem rechten oder linken Auge blind war (die historischen Abbildungen sind da durchaus nicht einheitlich). Je wissenschaftlicher die Begriffe und Kriterien sein mögen, desto weniger brauchbar sind sie für die Beurteilung des gegenwärtigen Literaturgeschehens – beziehen sie sich doch immer auf Epochen, die mit unserer Gegenwart grundsätzlich nicht vergleichbar sind, was die Wissenschaftler selber (im Unterschied zu den Kritikern) auch durchaus einsehen.

Ironischerweise unterliegt sogar die Wissenschaft selbst recht starken Schwankungen, wie schon Lévi-Strauss wußte: Im besten Falle ist es wissenschaftlicher Fortschritt, wie er sagt, im schlimmsten Falle einfach nur Mode. Ja, auch bei der Wissenschaft! Wer etwa interessiert sich heute noch für das *sprachliche Kunstwerk* oder die *werkimmanente Interpretation*?

Wir nicht.

Dennoch sollten wir uns zumindest für einen wissenschaftlichen Ansatz interessieren, nämlich den der *Rezeptions-Ästhetik*, die den schwarzen Peter einfach an den Leser weitergibt, den *Rezepienten*, wie man es wissenschaftlich ausdrückt; der nun in seiner spezifischen Situation den Text erst bildet und damit die Frage, was denn Literatur eigentlich ist, auch beantworten muß jeder für sich, in seiner jeglichen Situation.

Macht es nicht den Eindruck, als hätte sich dieser Ansatz herausgebildet, nachdem ein Professor die ersten Kapitel dieses Hochstapler-Buches gelesen hat?

Der Trick mit der Vergangenheit

Natürlich soll das nicht heißen, daß wir von der Wissenschaft nichts lernen können. Zwar nicht in dem Sinne, daß wir von ihr wirklich etwas über Literatur erfahren, doch immerhin ein bißchen was über das akademischen Getue.

Lernen wir zuerst, die *Vergangenheitsform* zu gebrauchen. Für die Leichenfledderei ist die Vergangenheitsform natürlich die angemessene Sprachregelung (ein Präsens kennt man bei wissenschaftlichen Texten fast gar nicht; überhaupt meidet der Akademiker alle Verben, behilft sich mit Hilfsverben und verlegt sich auf eine substantivierte Sprache, die besonders statisch wirken soll). Schlimm genug. Für uns hat der Gebrauch der Vergangenheit indes einen anderen Vorteil: Es bleibt dabei nämlich offen, wie wir heute denken. Wenn wir immer so reden wie: »Und ich dachte immer, daß ...« Oder: »Bisher bin ich davon ausgegangen, daß ...«, dann bleibt offen, ob wir das immer noch denken, oder ob wir inzwischen unsere Meinung geändert haben. So reden wir auch über Literatur, etwa so: »Nun ja, Stadler hatte bekanntlich Gedichte geschrieben, die man dem Impressionismus zurechnen konnte.«

Ja, und dann? Hat er endlich damit aufgehört? Ist er früh gestorben? Hat er es vielleicht mit expressionistischen Gedichten versucht? Oder hat man das später anders zugeordnet? Fragen über Fragen ...

Man kann die Vergangenheitsform auch dezent einsetzen. Wir sagen also nicht: »So eine Prosa ist heute selten«, sondern: »So eine Prosa ist heute selten *geworden*«, so daß wir bei der Gelegenheit gleich einen kleinen historischen Überblick vortäuschen.

Der Trick mit der Theorie

Lernen wir noch einen weiteren Kniff. Wir wollen es mal — streng vertraulich, versteht sich — den *theoretischen Overkill* nennen. Was immer auch erwähnt wird, wir gehen gleich auf die (vermeintlich) nächsthöhere theoretische Ebene, sagen also etwa: »Ach ja, der Impressionismus wird sowieso als Übergangsphase angesehen.« Wir bilden dabei Sätze mit *sowieso* oder *im Ganzen*; kritisieren Kunstwerke *schon vom Ansatz her*, oder in ihrer *Konzeption* (als wäre die das wichtigste dabei, falls bei den Betreffenden keine Konzeption vorhanden war, wird einfach eine unterstellt).

Wenn also für unser vertrautes Getue mit den Dichtern die heimliche Parole galt »Die Wahrheit ist immer konkret« (Brecht) und wir da mit möglichst kleinen Details größte Wirkung erzielten, so gilt hier als implizierte Parole: »Das Ganze ist die Wahrheit« (Hegel), und wir sehen alles immer mehr *allgemein*, sogar *global* — in großen Zusammenhängen.

Keine Angst vor der Theorie! Es muß ja nur so wirken. Das ist gar nicht schwer. Die andern tun ja auch nur so. Also, wenn wir einen dabei erwischen, wie er von »mehreren Ebenen« oder »verschiedenen Dimensionen« redet, dann gesellen wir uns fröhlich dazu und bieten mehr. Wir sprechen immer von möglichst vielen *Ebenen*, es können gar nicht genug sein. Wie bei diesen unübersichtlichen Parkhäusern: überall Ebenen, nirgendwo ein Übersichtsplan. Oder auch Schichten. Alles ist immer so *vielschichtig*, zwei Schichten würden da gar nicht genügen. Wenn etwas gebrochen ist, dann aber stets *vielfältig* gebrochen − beim Skifahren wie in der Literatur: immer nur komplizierte Brüche!

Setzten wir also den *Plural* so ein, daß es den Eindruck macht, als wäre alles ungeheuer kompliziert, vielfältig, unübersichtlich, und als gäbe es da immer noch viel viel mehr, was jetzt gar nicht alles einzeln aufgeführt werden kann. Nach der geistig moralischen Wende ging das Wort vom »Sozialneid« um, inzwischen spricht Helmut Kohl schon von »sozialen Neidkomplexen«. Eben. Die haben sich inzwischen karnickelartig vermehrt. Kein Wunder, daß Habermas die ›Neue Unübersichtlichkeit‹ entdeckt hat. Wir entdecken die vielfachen neuen Unübersichtlichkeiten.

Also nie nur sagen: »Auf dieser Ebene stellt sich das Problem gar nicht«, sondern getrost: »Auf diesen Ebenen ... «, nie nur von einem Ansatz reden, sondern immer von *Ansätzen*, und zwar nicht nur von verschiedenen Ansätzen, sondern gleich von *verschiedensten* Ansätzen und Fragestellungen. So oft wie möglich den Plural einsetzen, ach, was sage ich: die unterschiedlichsten Pluralformen und verschiedensten Möglichkeiten der Mehrzahlbildungen in all ihren divergierenden Ausprägungen.

Wenn einem gar nichts mehr einfällt, sagt man einfach *und so weiter*. So als gäbe es da noch mehr. In wissenschaftlichen Texten steht immer da, wo es keine weiteren Beispiele mehr gibt, ein kühnes *Und so weiter*. Bei uns auch.

Und noch was: *Und* selber ist auch ein Zauberwort des wissenschaftlichen Bluffens: Wir sagen nie, daß etwas so ist, sondern nur, daß etwas irgendwie auch mit dazugehört. Und bilden dazu einen Satz mit *und*. Wir sagen also nicht »Goethe, unser berühmter Klassiker ... oder: Novalis, der Romantiker«, sondern wir sagen »Goethe *und* die Klassiker«, »Novalis *und* seine Rolle innerhalb der Romantik«. Hierbei gerne auch von einem *Problemfeld* sprechen, also nicht nur von einem schlichten Problem (wo kämen wir da hin!), sondern gleich von einem ganzen Feld von Problemen, einem weitem Feld. Da tummeln sich dann Goethe und der Pantheismus, Heine und der Saint-Simonismus, na, und so weiter.

Um es möglichst kompliziert erscheinen zu lassen, müssen wir gelegentlich auch zu einem *Fremdwort* greifen, wie es die Wissenschaft so gerne tut. Keine Angst. Es wird uns schon keiner nach Definitionen fragen und nach dem Facettenreichtum der verschiedensten Begriffserklärungsmöglichkeiten. Wir müssen einfach nur reinhauen und bluffen, indem wir die andern verblüffen. Na los, bilden wir selber ein paar Fremdwörter! Geben wir niemals zu, daß wir schon rein »gefühlsmäßig« eine Abneigung – pardon: Aversion! – gegen Fremdwörter hätten, sondern reden wir munter von *emotional,* besser von *emotionalistisch,* oder auch – ganz überraschend – von *emotiv.* Warum eigentlich nicht?

Wir müssen nur bei *methodisch* und *methodistisch* aufpassen und bei *feminin* und *feministisch* (aber da müssen wir sowieso vorsichtig sein). Sonst aber ist ein angehängtes »-istisch« immer angebracht: Statt *maniert* sagen wir lieber gleich *manieristisch,* statt *fiktiv* oder *fiktional* sagen wir getrost *fiktionalistisch ...* und so weiter. Möglichst ein Wort mit »-istisch« – das klingt so schön distanziert. Und im Zweifelsfall immer das längere Wort!

Das gilt ganz allgemein, nicht nur für Fremdwörter. Statt psychologisch sagen wir stets *tiefenpsychologisch* und statt vom geschichtlichen Hintergrund reden wir vom *zeitgeschichtlichen* Hintergrund, besser natürlich von zeitgeschichtlichen Hintergründen.

Oft kann man auch mit angehängten »-*strukturen*« oder »-*ebenen*« einfache Worte sehr schön verlängern, also: *Bedeutungsebenen, Bedeutungstrukturen,* oder *Bewußtseinsstrukturen, Bewußtseinsebenen,* und so weiter. Je länger und unübersichlicher, desto besser.

Nur keine Angststrukturen! Wir dürfen getrost mal *essenziell* mit *existenziell* verwechseln – merkt doch keiner. Und ob da ein Fall von höchster sprachlicher *Konsistenz* oder vielmehr *Konsequenz* (oder war es *Kompetenz*?) vorliegt, ist eh Wurscht.

Schließlich verdanken wir der Wissenschaft einen wunderbaren Joker: die *Ästhetik*. Kein schönes Wort, zugegeben, doch ein nützliches. Sehen wir nur: *Literatur*, oder *Literarität*, oder *Literarizität* (schon besser!), oder *Ästhetik*, oder *Ästhetisierung*, oder auch *Verästhetisierung* können alle in bestimmten Sätzen ein- und dasselbe bedeuten und können beliebig gegeneinander ausgetauscht werden. Schön! Auf solche Sätze freuen wir uns doch und nehmen dann nach Maßgabe aller Möglichkeiten das längstmögliche Wort.

Ästhetik? Ästhetik? Was soll es denn auch sein? Ist es etwa die Schönheit selber? So wie wir davon sprechen, daß wir aus ästhetischen Gründen etwas mögen oder nicht? Sollen wir uns also unter der Ästhetik sowas vorstellen wie die Venus, die als Verkörperung der reinen Schönheit aus den Wellen aufsteigt? (oder war es Aphrodite?) Oder heißt gar Ästhetik soviel wie die Lehre von der Schönheit? Müssen wir uns die Ästhetik eher als Avon-Beraterin vorstellen, die von Ort zu Ort reist und ihren Kosmetikkoffer vorführt? Oder heißt nicht Ästhetik soviel wie die Lehre von der schönen Kunst? (Natürlich: von den schönen Künsten!) Oder ist es nur die Lehre von den Künsten? Oder gar die Kunst selber? Wie auch immer: Wir freuen uns über jeden schillernden, vielschichtigen Begriff, über jedes Wort mit mehreren Bedeutungen, besser gesagt: mit den verschiedensten Bedeutungsebenen.

Wir freuen uns schon deshalb besonders über den Begriff *Ästhetik*, weil er nichts mehr besagt: Wissen wir doch inzwischen, daß nach allgemeinem Verständnis in der Literatur und Kunst nur noch die Darstellung des Häßlichen möglich ist, während die Schönheit allein der trivialen Kunst und Werbung vorbehalten sind. Das soll indes nicht bedeuten, daß wir das Wort nicht so oft wie möglich benutzen – Oh nein: Ästhetik ist sogar unser Lieblings-Fremdwort Nr. 1! Noch schöner sind allerdings die *ästhetischen Strukturen*.

All der Zauber mit den Fremdwörtern und Pluralbildungen dient natürlich hauptsächlich dazu, die Prätention der *Objektivität* von wissenschaftlichen Ansätzen und Erklärungsmodelle aufrecht zu erhalten – na gut. Das können wir auch.

Tun wir ruhig mal ein bißchen objektiv. Immer dann, wenn es selbstverständlich ist.

Das Spezielle behalten wir für uns.

Mit einem kleinen *mich* können wir wie mit einem Kippschalter geschickt zwischen objektiv und subjektiv hin- und herschalten. Wenn uns also etwas geradezu auf der Nase rumtanzt, sagen wir halt »Es erinnert an Kafka«, wenn es dagegen sehr speziell und unerwartet ist, sagen wir »Es erinnert *mich* an Kafka« – das Besondere behalten wir uns vor.

Und das Schwere. Wir würden nie zugeben, daß wir ein Buch gerne gelesen haben und wir es obendrein leicht lesbar fanden. Da sagen wir stets »*Es* liest sich leicht«, oder auch: » . . . leicht so dahin«, dagegen betonen wir, daß wir mit unserer Lektüre schon reichlich Mühe hatten – hat sich aber gelohnt. Gerade deshalb.

Doch nicht nur der exorbitante (Na? Woran erinnert das nun wieder?) Gebrauch von Fremdwörtern und die ständige Vortäuschung einer Komplexität sind die größten Errungenschaften des wissenschaftlichen Getues. Nicht nur . . .

Der Trick mit den Fragen

Die wichtigste Lektion, die wir von der Wissenschaft lernen, betrifft den Umgang mit *Fragen*. Jeder Student ist schon im ersten Semester gut beraten, wenn er es gar nicht erst auf Anworten ankommen läßt, sondern immer nur Formulierungen verwendet wie »Zu fragen bleibt natürlich weiterhin . . . «, »Wobei das dann wiederum die Frage aufwirft . . . «, und so weiter.

> **Die Wissenschaft gibt keine Antworten,**
> **sie stellt Fragen.**

Wir auch. Es ist eine reine Machtfrage, wer Fragen stellen darf. Wir schlagen uns von vornherein fröhlich auf die Siegerseite: Wir stellen hier die Fragen. Wir kennen diese Situation aus vielen *Krimis*. Es ist eine Standardsituation: Der Kommissar sagt mit bedrohlichem Unterton: »Ich bin es, der hier die Fragen stellt!« Dann ist endgültig klar, daß er in einer guten Position ist, der arme Verdächtige dagegen in einer schlechten.

Schon Schopenhauer wußte das und gab in seinem kleinen Nachhilfekurs für Rechthaber den Tip, grundsätzlich keine Fragen zu beantworten und immer sofort mit Gegenfragen zu kontern, nur um die Position zu halten und um ja nicht erst in eine Situation zu kommen, in der man Antworten schuldig bleibt.

Im akademischen Bereich hat die Macht der Fragen geradezu tragische Bedeutung. Der Inbegriff der Prüfungsangst ist es doch, unerwarteten Fragen ausgesetzt zu sein. Je konkreter, desto schlimmer. Jeder Prüfling fühlt, daß die allerhöchste Alarmstufe erreicht ist, wenn er so was gefragt wird wie »In welchem Jahr starb Goethe?« Und ein richtig machtbewußter Prüfer wird sich natürlich nicht anmerken lassen, ob die Frage richtig beantwortet wurde, nur um die Frage möglichst lange quälend weiter wirken zu lassen.

Achten wir auch mal drauf, wie sich Wissenschaftler und Politiker bei Fernsehinterviews verhalten. Sie antworten fast nie direkt. Je höher der akademische Grad, desto größer die Wahrscheinlichkeit, daß der Experte im Studio sofort zurückschlägt: »Nein, so kann man das gar nicht sagen.« Er kann es sich eben leisten. Nochmal:

Die Frage ist eine Machtfrage!

Nun ist auch klar, warum Menschen, die innerlich vor der Macht zittern, nur ganz verschüchtert sowas herausbringen wie: »Äh, dürfte ich da vielleicht eine Frage stellen ...« (Niemand sagt: »Äh, dürfte ich eine Antwort geben.« Wir sowieso nicht.)

Was lernen wir daraus?

Genau! *Wir* kommen mit den Fragen. Gerade bei Gebieten, auf denen wir uns nicht so auskennen (und das ist ein weites Feld ...), trumpfen wir mit einer offensiven Fragestellung auf und schieben den andern mit dem Rücken an die Wand:

»Finden Sie nicht auch, daß Hofmannsthal reichlich überschätzt wurde? Und meinen Sie nicht, daß die Dichtung aus dem George-Kreis schon vom Ansatz her einer ernsthaften Kritik nicht standhält? Und sind Sie etwa auch so einer, der die Lukács-Debatte immer noch für hochaktuell hält?«

So. Kleine Verschnaufpause.

VII. DAS GUCKEN WIR DEN KRITIKERN AB

Nun sind wir endlich bei den wirklichen Gegnern der Literatur angekommen: den Kritikern. Sie sind die Todfeinde aller schöpferischen Menschen. Kritiker müssen ein Buch vernichten, Autoren müssen es erst mal schreiben. Bei allem, was man gegen die Schriftsteller haben mag, im Grunde sind sie kreative Menschen mit all der damit verbundenen Vorsicht, dem mütterlichen Schutzbedürfnis gegenüber dem Werk und ihrer fast schon legendären Empfindlichkeit.

Kritiker dagegen sind unsensibel und destruktiv.

Wie im Sandkasten: Der eine baut die Sandburg, der andere schlägt sie kaputt. Es ist immer einfacher, etwas kaputtzuschlagen. Ganz klar.

Das wissen wir Hochstapler auch, deshalb *kritisieren* auch wir *immer nur*, damit befinden wir uns stets auf der sicheren Seite. Ein Lob würde uns »erkennbar« machen, wie schon Rau über Vogel gesagt hat; unser Gegenüber wüßte dann, was wir mögen. Doch es ist nun mal ein Prinzip des Hochstapelns, alle andern im unklaren darüber zu lassen, wieviele Trümpfe wir noch in der Hinterhand haben. Also sagen wir immer nur, was wir *nicht* mögen. Das ist sicher. Und leicht. Oft genügt da schon ein Blick, ein Stirnrunzeln.

Man kann auch Kritiker immer leicht in Verlegenheit bringen, wenn man sie fragt, was sie denn − etwa kurz vor Weihnachten als Leseempfehlung mit auf den Weg geben würde. Tja, da schlucken sie nur trocken und nach langem Geziere empfehlen sie vielleicht einen unbekannten Ausländer oder einen Fotoband über Musil, den wir uns sowieso nicht leisten können.

Soweit die Kritiker. Grund genug, ihnen mal auf die Finger zu gucken. Sie berufen sich übrigens gerne auf Walter Benjamin, der mal sinngemäß gesagt hat, daß ein guter Kritiker auch zerstören können müsse. Viel mehr als dieses Zitat wissen sie auch nicht. Doch es stimmt. Ein Kritiker, der nicht verreißt, ist keiner. Werbetexte können auch die Lektoren schreiben. So wünscht sich auch das Publikum einen Kritiker, der besonders angewidert gucken kann, der am meisten Ekel nicht nur in seinen Formulierungen, sondern schon in seiner Mimik zum Ausdruck bringt. Reich Ranicki (kurz RR) sieht immer so aus, als hätte er gerade vier Zitronen geschluckt, mit Schale! Gespritzte Zitronen, wohlgemerkt!

Im Grunde mag niemand die Kritiker. Als ahnten alle, was für eine schädliche *Rolle* die Kritiker immer wieder spielen. So blöd ist ja auch keiner, daß er nicht spüren würde, daß ein Kritiker ihn am liebsten bevormunden will. Na gut, manchmal ist der eine oder andere Kunde ratlos: Welches Buch soll er kaufen? ›Das Gewicht der Welt‹ oder ›Die unerträgliche Leichtigkeit des Seins‹? Was wäre besser? ›Ende einer Kindheit‹ oder ›Von der Nutzlosigkeit erwachsen zu werden‹?

Aber in so einem Zweifelsfall möchte der Kunde gar nicht die guten Ratschläge der Kritiker. Bei einer Befragung, was denn nun die Leser zum Kauf eines Buches bewegt, liegt das Kritikermachtwort an letzter Stelle: Was ein Bekannter empfiehlt, ja, selbst, was der Buchhändler, der ja nur die Regale endlich räumen will (wie der Leser auch weiß), vorschlägt, zählt mehr als ein Tip von Kritikern.

Kritiker haben auch ihren eigenen *Jargon*. Sie müssen immer eine Art »modern talking« veranstalten, oder neuerdings auch eine Art »postmodern talking«, immer am Puls der Zeit, von der Mode in Trab gehalten, vom Zeitgeist gehetzt. Da reden sie von so merkwürdigen Sachen wie *Erbarmungslosigkeit, Schonungslosigkeit, Unbestechlichkeit, Genauigkeit*, besser *seismographischer* Genauigkeit, oder *Präzision* ... und so weiter. In jeder Saison ein neuer Begriff. Wir dürfen gespannt sein.

Greifen wir nur zwei Formulierungen aus dem reichen Schatz ihrer Stilblüten heraus; nur zwei, um uns nicht allzu lange mit ihrem Jargon aufzuhalten: Da reden sie etwa davon, daß eine Prosa, wenn sie nur gut ist, *ihresgleichen sucht*. Erinnert das nicht an diese Kontaktanzeigen: tolerantes Paar sucht gleichgesinntes? Und gerade bei der neuen Prosa gibt es so viel, die ihresgleichen sucht, daß wir hoffen dürfen, daß sich da mal die richtigen finden.

Schön ist auch das Zugeständnis, daß etwas *nicht mehr wegzudenken* ist. Da stellt man sich gleich bösartige Wegdenker vor, die es mit schwarzer Magie zwar immer wieder versuchen, nun aber endgültig besiegt sind. Ein tröstlicher Gedanke, hätte man nicht gleichwohl das Gefühl, daß die Formulierung ziemlich blöd ist, zumal, wenn man bedenkt, daß sie ausgerechnet dann in Mode gekommen ist, als ein Bewußtsein über die Möglichkeit einer atomaren Katastrophe das Wegdenken der ganzen Menschheit nahelegte. Nun ja.

Der Trick mit dem großen Wort

Wie sagen wir es denn nun am besten? Immer können wir schließlich auch nicht um den Pudding herumreden, als wäre es ein heißer Brei, selbst wenn es oft genug geht. Einmal müssen wir doch was zur Literatur sagen, zwar nicht, *was* sie ist, aber *wie* sie ist.

Die wichtigsten Wörter, um unsere Bewunderung für dieses unsagbare Unding der Literatur zum Ausdruck zu bringen, sind *groß* und *hoch*. Ja, es wird so oft von groß geredet, daß der Eindruck entsteht, da wären kleinwüchsige Menschen am Werk, die mit einem Minderwertigkeitskomplex behaftet sind, und es daher nicht lassen können, immer nur von groß zu reden. Vielleicht waren es Wolf Wondratschek und Wolf Biermann, die beiden Wölfe der deutschen Lyrik, die tatsächlich etwas klein sind und ziemlich große Worte machen. Da wird soviel über Größe geredet, daß es fast schon scheint, die Literatur hätte Mühe, sich von der *Kleinkunst* zu unterscheiden, und könne es deshalb nicht lassen, immer nur von groß groß groß zu reden, wie bei einer Beschwörung. Wenn Autoren schon freiwillig mal ein »klein« im Titel führen, deklassieren sie sich nur selbst: ›Der kleine Prinz‹, ›Kleiner Mann – was nun?‹, oder ›Der kleine Grenzverkehr‹ – das ist eben keine Literatur. Die sind ja auch selber schuld. ›Großer Mann was nun?‹ müßte es heißen, ›Der große Grenzverkehr‹! Es heißt ja auch ›Der große Gatsby‹.

Erstaunlich ist jedoch immer wieder, an welchen Stellen man so ein *groß* überall unterbringen kann. Nicht nur, daß wir von den großen Werken der großen Dichter reden können, die immer wieder einen *großen Wurf* schaffen (Womit werfen die eigentlich?), – nein das Anwendungsgebiet des Wortes *groß* ist ein wirklich weites Feld, ein großes Feld, möchte man fast schon sagen.

Wir sagen nicht einfach, wie es Woody Allen mal getan hat: »Čechov ist überhaupt der Größte.« So nicht! Schon gar nicht *überhaupt*. Damit hätten wir ja unser ganzes Pulver schon verschossen. Außerdem müssen wir langfristig auch an all die denken, die bei anderer Gelegenheit die Größten sein wollen. Also: hier gilt die Olympische Formel –

Dabeisein ist alles

– und wir sagen bestenfalls: »Čechov gehört für mich zu den Größten«. Schon gut. Besser noch: »Čechov gehört für mich zu den ganz Großen«. Oder: »den wirklich Großen«.

Noch besser aber ist es, die Größe ganz geschickt an völlig unerwarteten Stellen unterzubringen, gleichsam unter der Hand immer etwas Größe beizugeben. So können wir von Autoren reden, die mit *großer* Entschiedenheit (!) irgendeine Tradition fortsetzen; die mit *großer* Ernsthaftigkeit ihre Themen aufgreifen (So ist es recht! Ernsthaftigkeit immer nur groß!), oder die mit *großer* Entschlossenheit (Was denn sonst!) gegen irgend etwas Stellung beziehen.

Das alles kann also *groß* sein, so als gäbe es auch eine kleine Entschiedenheit oder eine kleine Ernsthaftigkeit, wie sie wahrscheinlich auch noch typisch ist für den Rest der Welt; für uns alle, die wir gelegentlich auch mal vom »kleinen Hunger« heimgesucht werden, wie wir neuerdings aus der Werbung wissen. Das gibt es bei den wirklich Großen natürlich nicht. Die haben, zum Beispiel, auch immer nur große Vorbilder (den *großen* Karl Kraus etwa). Bei denen ist alles nur groß – was auch immer: die Virtuosität; die Sensibilität; die Einsamkeit; die Belesenheit; die Mühe, die sie sich gemacht haben; die

Schmerzen, ja, die Qualen, die sie dabei ausgehalten haben; das Risiko, das sie damit auf sich genommen haben: immer nur groß, groß – wenn nicht gar *am größten*.

Es kann da nämlich getrost auch mal von *größter* Ernsthaftigkeit gesprochen werden, von *größter* Entschiedenheit, – warum auch nicht? Es wird ja eh nicht richtig verglichen, also getrost mal einen *Superlativ* mit einrühren. Etwa wenn wir von der »erbarmungsloseste(n) Autorin, die Österreich je gegen sich aufgebracht hat« sprechen – Na? Wer ist gemeint? Ich bin es nämlich, der hier die Fragen stellt.

So sagte mal der Verleger eines großen Verlages über das große Buch ›Medusa‹, als ein Moderator in einer Talkshow anzumerken wagte, daß auf den ersten dreihundert Seiten nicht mal ein Absatz zu finden sei, »Ich bitte Sie«, sagte er da nur, »dieses Buch schiebt Größe vor sich her.« Na, da danken wir auch: die große Literatur als Planierraupe – ist es nicht ein großartiges Bild!?

Denn fast noch besser als groß ist das Wort *großartig*. Erstmal ist es länger. Gut so. Es klingt auch noch gewichtiger, zugleich aber nicht mehr ganz eindeutig – und sowas haben wir besonders gerne. Da klingt nämlich noch ein »artig« mit, was irgendwie so harmlos klingt – schlimm genug; aber heißt nicht großartig soviel wie »nach Art der Großen«? Wäre es also nicht das echte, orginalverpackte Große, sondern eine Art Nachbau des Großen? So wie jemand (nicht Benn selber) vielleicht auch mal Benn-artige Lyrik verzapft? Wie auch immer. Großartig eignet sich einfach hervorragend zum Hochstapeln.

Aber mehr noch als das Wort groß, geht es um das Wort *hoch*. Ein Begriff, der uns Hochstaplern auch ganz besonders am Herzen liegen sollte; denn wie stapeln wir? Hoch natürlich! Dreimal hoch! Virtuosität muß nicht immer nur groß sein, sie kann auch mal hoch sein. Und mit einem kleinen Grad dabei, also *im hohen Grade*, oder einfach *hochgradig*, haben wir gleich einen neuen Joker in der Hinterhand. Was sonst immer nur groß war, kann nun auch mal hochgradig sein. Also, hoch die Tassen!

Es geht immer nur nach oben. Man muß da schon fast den Eindruck haben, die Literatur befinde sich in einem einzigen Höhenrausch! Und während Reinhold Messner inzwischen wieder den Langlauf entdeckt hat und die »Mühen der Ebene« (Brecht) als neue

Herausforderung angenommen hat, so hat sich im Geraune um die Literatur die *Höhe* als Kriterium herausgebildet. Die Meßlatte liegt hoch oben in den Wolken. Man munkelt da sogar etwas von einer *Höhenkammliteratur*!

Nun, wir wissen zwar nicht genau, was alles dazugehört, aber wir wissen genau, was *nicht* dazugehört, nämlich fast alles. Nicht mal ein Buch wie ›Sturmhöhen‹ gehört wirklich zur Höhenkammliteratur. Als Hochstapler ist es stets gut, zu behaupten, man lese ausschließlich solche, andere prinzipiell nicht, damit kann man den meisten Diskussionen entgehen; denn es wird sich so leicht niemand finden, der mit einem den einsamen Höhenpfad wandeln möchte. Wer von Höhenkammliteratur redet, der sucht damit keinen Weggefährten, der mit ihm gemeinsam diesen Kammweg abschreitet und gelegentlich zu einem abschätzigen Blick in die Niederungen stehen bleibt; nein, wer so redet, will zum Ausdruck bringen, daß er sich als über alle anderen stehend begreift, besser noch: über alle anderen wandelnd.

Das Bild vom Höhenkamm verlegt die wahre Literatur zwar in luftige Höhen, gleichwohl bezeichnet es gerade diejenige Literatur, die besonders tiefe Bedeutung hat; denn die *Bedeutung* oder auch der *Sinn* ist nun mal tief. Aus irgendwelchen dunklen Gründen, die möglicherweise tief in der Romantik liegen, ist es nun mal so, immer nur möglichst *tief*. Da heißt es also runter in die Tiefe gehen, um der Sache auf den Grund zu kommen. Erinnert das nicht an ›Doktor Faustus‹, wo der Held auch erst in höchste Höhen aufsteigen und in tiefste Tiefen absteigen muß, eh er die 12-Ton-Musik erfinden kann? Genau! Daran erinnert das.

Also auf, der Berg ruft. Hoch zur Höhenkammliteratur! Das Bild ist ja auch zu schön! Macht es nicht den Eindruck, als wandele man wie »über allen Gipfeln« (Na? Wer wohl?), als könnte man damit all die andere Literatur hinter sich lassen, ja, regelrecht unter sich lassen, – kurz: als wandele man auf einem riesigen Müllberg?

Hochtechnologie und Hochrüstung also auch im Gerede um Literatur. Es darf dabei ruhig so klingen, als redeten wir von einem Hochsicherheitstrakt (Sicherheit alleine reicht eben nicht). Es genügt nicht zu sagen, daß ein Buch eine komplizierte Frage aufwirft (Aha... Fragen also. Vielleicht wird bei den großen Würfen auch immer mit

Fragen geworfen — wer weiß), oder gar eine komplizierte Darstellung wagt, — es muß schon *hochkompliziert* sein. Ein Buch aus den schlappen dreißiger Jahren etwa, noch dazu ein historischer Roman über die ›Botschaft aus Granada‹, nur mal als Beispiel, ist nicht etwa einfach nur aktuell, sondern *hochaktuell*, mindestens. Es gibt inzwischen sogar Bücher, die sind *hochkomisch*. Das ist auch gut so. Denn eine andere als die hohe Komik würden wir überhaupt nicht zur Kenntnis nehmen. Der Komik ist es durch ihre Höhe überhaupt erst möglich, in den Rang der literarischen Erwähnung zu fallen. Allerdings sind im ›Hausbuch der Hochkomik‹ nicht etwa besonders komische Texte versammelt, sondern Texte von Autoren, die als *hoch* gelten, wie etwa Kafka, der mit einer Tagebucheintragung glänzt — Mensch, haben wir gelacht!

Da hoch allein auch nicht immer ausreicht, kann hier auch getrost mal von *höchst* gesprochen werden. Wenn also ein Buch ausnahmsweise mal recht amüsant sein sollte, — und das sollte es eigentlich nicht —, dann aber bitte *höchst* amüsant.

Nein, lieber doch nicht. Amüsieren sollten wir uns nicht, es sei denn »zu Tode«. Ich habe es schon gelegentlich durchblicken lassen, nun nochmal deutlich: Wir erzählen keine Witze, wir mögen kein Scherze *(Wortspiele* nur, wenn man nicht lachen darf, weil sie entweder Tiefsinn heucheln oder wie bei Joyce und Arno Schmidt nach psychoanalytischer Methode vorgehen...) — kurz: Wir sind wie die Kritiker: Wir kennen keinen Humor! (Übrigens auch keine Gnade und kein Erbarmen!) Denn es ist einfach unerlässlich und unverzichtbar, ja, fast möchte man sagen: die heilige Pflicht eines jeden Deutschen, immer nur *ernst* zu sein. Robert Gernhardt hat mal, als Gegenbegriff zum witzeln, das *ernsteln* vorgeschlagen, aber das war ja wohl ein Witz.

Vielleicht ahnt der normale Literaturbetriebsangehörige längst schon etwas von der Ohnmacht der Literatur, vielleicht. So könnte man leicht erklären, daß hier ständig mit einer Kraft und Stärke geprotzt wird, als ginge es nicht um Literatur sondern ums Boxen. Schon Jack London mochte das Boxen, Hemingway natürlich wer hätte es nicht gedacht? Auch Simenon und Brecht liebten das Boxen. Bei Jurek Becker vermutet man es auch. Bei Lord Byron dagegen sollte man es eigentlich nicht erwarten, der war doch so ein empfindlicher Weltschmerzling, oder? Dennoch.

So hat auch Wondratschek das Boxen als bevorzugtes Hobby der Dichter verherrlicht . . . naja, mit wirklicher Literatur hat das natürlich nichts zu tun, und doch gibt uns die Großmäuligkeit des Boxens einen wertvollen Hinweis, wie am besten über Literatur geredet werden sollte. Wohl gerade weil die Literatur so eine zarte Pflanze ist, wird hier immer wieder von *Kraft*, *Macht* und *Gewalt* gesprochen. Da ist von *großer Sprachkraft* die Rede, oder auch von *gewaltiger Sprachkraft* oder *großer Sprachgewalt*. Wenn wir etwas kühner gewoden sind im Hochstapeln, werden wir mal eine »kräftige Sprachgröße« in die Debatte werfen. Nur so. Zum Spaß. Mal sehen, ob einer was merkt.

Neben der Kraftmeierei gilt für die Literatur gleichwohl das Gegenteil: Sie trumpft mit Schwäche auf! Sie ist auch noch stolz auf ihre Ohnmacht, ihr Versagen. Das Scheitern ist ihre größte Lust. Sieger sollen gefälligst leer ausgehen, und falls versehentlich doch mal einer gewinnt, dann ist es schlimm genug, nein, sogar noch schlimmer. Denn wie heißt es schon bei Wondratschek: »Was ist schlimmer als verlieren? Siegen!« Eben. Und wie heißt es bei Achternbusch, der so literaturverdächtig vom Scheitern begeistert ist: »Du hast keine Chance, aber nutze sie!« Na, dann wollen wir mal!

Zu groß und hoch gesellt sich gerne *schwer*. Literatur ist also nicht etwa nur schwierig, – sondern schwer. Dabei wäre schwierig das längere (und damit bessere) Wort, aber *schwer* klingt irgendwie nach mehr. Schwer, schwer, schwer . . . Das liegt einem schon so schwer im Magen, man spricht ja auch gerne von *schwer verdaulicher* Lektüre. Auch an der Bestenliste des SWF kann man sich gut orientieren, da gibt es die empfohlene »vermutlich schwere« oder »vermutlich mittelschwere« Lektüre in Gewichtsklassen vorsortiert. Man hätte es vielleicht gleich richtig machen sollen mit Kriterien wie »sehr schwer«, »äußerst schwer«, »so schwer, daß es sich von alleine in den Boden bohrt, wenn man es nicht mit aller Kraft zurückhält«.

Was schwer ist, ist auch *erschütternd*; die Erde bebt, wenn es mal runterfällt. Selbst Humor ist – wenn schon, dann wenigstens – *zwerchfellerschütternd*, eine äußerst anstrengende Art des Lachens, aber bitte: auch Lachen ist Schwerarbeit.

Vielleicht hat sich das Kriterium *schwer* herausgebildet, als ein Kritiker mit all seinen Bücherkisten umziehen mußte in eine Wohnung in besserer Lage. In dem Fall empfielt es sich nämlich, die Umzugskartons höchstens zu zwei Dritteln mit Büchern vollzupacken und den Rest mit Socken und Unterwäsche aufzufüllen, weil sonst die Kartons ausreißen können − so schwer ist Literatur. Na ja. Der Kritiker wird die Bücherkisten schon nicht selber getragen haben. Und außerdem: Ein Fernsehgerät ist auch schwer. Nein *schwer* hat sich vor allem deshalb zu einem zuverlässigen Gütesiegel für Literatur entwickeln können, weil es das Gegenteil von *leicht* ist, und leicht darf es − um Himmels Willen! − niemals sein.

Am besten lassen wir uns vom Vokabular einer Sportschau inspirieren und reden über Literatur als wäre es Kugelstoßen oder Gewichtheben − keinesfalls aber sowas wie Fechten oder Eiskunstlaufen.

Alles, was auch nur *leicht* aussieht, gilt als verdächtig, was da so *leichtfüßig daherkommt*, ist schon mal schlecht, auch wenn es nur mit *scheinbarer* Leichtigkeit daherkommt (immerhin: Es scheint nur leicht, in Wirklichkeit steckt noch faustdick was dahinter . . . egal:) In Deutschland hat man es einfach gerne, wenn jemand schwitzt, wie schon Tucholsky mal mit leichter Feder schrieb, und so ist es immer noch. Im Schweiße des Angesichts sollst du dein Brot verdienen, heißt es schon in der Bibel. Es muß einfach schwer sein, und man muß es merken. Hier gilt also nicht mehr: Tue Gutes und rede drüber, sondern:

> **Was immer du tust, tu es unter Qualen,**
> **und laß es dir anmerken!!!**

Streng dich an und vor allem: zeig es vor. Ja, wir können soweit gehen und uns die Parole merken: *Lerne klagen ohne zu leiden.*

Das sei unser Motto! Bloß keine Leichtigkeit! Wenn schon, dann höchstens unerträgliche Leichtigkeit!

Auch Selbstverteidigung gilt als unfair, verstößt irgendwie gegen die Regeln. *Schutzlos*, mit offenem Visier muß sich der Gladiator ausliefern, *verletzbar* soll er sein, und später soll er dann die Wunden vorzeigen.

Für die Leser ist sowas natürlich auch ein *schwerer Brocken*. Wenn schon das Schreiben immer nur äußerste *Qual* war und das oft genug betont wurde, dann soll das Lesen auch so sein: eine absolute *Tortur*, eine ungeheuerliche *Zumutung*. Am besten sagen wir gleich sowas wie: »Dieses Buch hat mich völlig ausgepeitscht!«

Aber ernst bleiben dabei!

Schön *schwer* muß es sein, darf sogar *schwermütig* sein, auch *schwerfällig*, die Prosa darf ruhig *zäh* und *quälend* sein, ja, soll sogar ständig *irritieren*, *herausfordern*, *stocken lassen*. Ein Lacher − wenn überhaupt! Besser nicht, aber wenn schon − soll *im Halse stecken bleiben*, auf den Lippen *ersterben*, darf auch mal im *Halse ersticken*. So eine Prosa ist der reinste Stop-and-Go-Verkehr mit lauter Brummis auf allen Spuren. Aber . . . so macht es den besten Eindruck. Schließlich hat man ja die Langsamkeit entdeckt. Das Langsame darf sogar *langweilig* sein. Gepflegte Langeweile ist geradezu der Inbegriff der Literatur, solange es nur *suggestive* Langeweile ist. *Tempo* dagegen dürfen nur ausländische Texte haben, die dürfen sogar *temporeich* sein, ein deutscher Autor hat kein Tempo. Wir haben schnelle Autos, da brauchen wir nicht noch schnelle Autoren.

Wir reden auch immer ganz langsam (und leise! Das wirkt wichtig!). Wenn wir schön langsam sprechen, muß es auch nicht so viel sein. Alles, was schnell geht, steht gleich im Verdacht, *zu schnell* zu sein, *vorschnell* und *voreilig*, als wären hier alle ein bißchen begriffsstutzig und müßten Angst haben, übervorteilt zu werden. Was schnell ist, könnte ja auch *schnellebig* sein. Und leben sollte es eigentlich gar nicht.

Nicht gewünscht sind *Pirouetten*, die gelten als albern, überflüssig, als Blendwerk. Man dreht einfach keine Pirouetten! Was tänzerisch sein könnte, geht bestenfalls als *tänzelnd* durch oder als *sprunghaft* und verbreitet auch nur unnötige Nervosität. Alles was *flott*, oder gar *elegant* ist, wird dem deutschen Gemüt einfach immer als *zu glatt* erscheinen. Denken wir bitte immer an den etwas älteren Herren (im Literaturbetrieb wimmelt es von Oldies, Zombies und älteren Herren!), der vielleicht Angst hat, mit seinen Puschen auf dem glatten Parkett auszurutschen. Und nehmen wir uns auch ein Beispiel an dem modern gestylten Jüngling, der sich sensibel an seinem 3-Tage-Bart kratzt, noch mal an seinem teuren Schal zupft und schließlich sagt: »Nein!« – kleine Kunstpause –, »Nein, das ist mir einfach *zu glatt* (oder auch: *zu griffig*). Da kann ich mich nicht *dran reiben*.«

So können wir auch reden. Als hätten wir nicht längst alle ein teures Feuerzeug und müßten immer noch, wie in alten Filmen unser Streichholz unter der Fußsohle anreißen. So sagen wir auch gerne, daß wir uns *entzünden* können an einer Prosa, die eine *Herausforderung* ist, die *Widerstand* bietet, mit ihrer *spröden* Sprache, die auch vor *grellen Dissonanzen* nicht *zurückschreckt*, kurz: einer Prosa, die es einem *schwer macht*.

Diese ganze Kraftanstrengung muß immer wieder neu inszeniert werden, damit die Literatur ja nicht als eines gilt, nämlich als

harmlos

In diesem harmlosen Wörtchen steckt das komplette Feindbild. So darf Literatur auf keinen Fall wirken. Daher auch die ständige Krafthuberei, Wichtigtuerei und quälende Ernsthaftigkeit. Immer, wenn wir über Literatur reden, müssen wir das Wörtchen »harmlos« im Hinterkopf behalten, und wir müssen immer so reden, daß Literatur alles mögliche ist, nur das nicht.

Dabei ist doch Literatur gerade . . . pssst! Nicht weitersagen!

VIII. BEKENNTNIS DES HOCHSTAPLERS

Mit der Harmlosigkeit ist es tatsächlich schnell wieder vorbei, wenn wir einen scheuen Blick in die Schule werfen. Ein Gedicht, das so bescheiden daherkam, wird in der Aktentasche des Lehrers plötzlich zu einer Tatwaffe: Schüler, die sich nicht dagegen wehren können, müssen die einzig richtige Interpretation (die es natürlich gar nicht gibt) erraten und kriegen dafür Zensuren, die ihre weitere Karriere regeln – harmlos ist das nicht mehr. Enzensberger findet da entsprechend harte Worte, spricht von »offensichtlicher Kindesmißhandlung« und muß entsetzt (gleichwohl ein wenig kokett) feststellen, daß er selbst zu den »Knüppellieferanten« gehört – soll er doch froh sein, daß seine Gedichte keine Messer sind.

Dabei ist alles noch viel schlimmer.

Auch außerhalb von Schule und Uni wirkt Literatur *immer auch* als ›Gesellschaftsausweis‹, als Distanzwaffe; als Rechtfertigung, sich für was Besseres zu halten; für alle die, die schon immer wußten, daß es etwas teurer ist, einen besonderen Geschmack zu haben. Als sich Erich Loest einmal das Spektakel in Klagenfurt ansah, war sein Kommentar: »Das ist hier wohl 'ne Literatur für Leute mit einem Monatseinkommen ab sechstausend Mark.«

Solche Leute müssen wir uns mal angucken. Da können wir noch was lernen, und die Technik des Abwimmelns verfeinern. Auch die Großzügigkeit, die wir geübt haben – mit dieser abgeklärten Tour, dem überlegenen Lächeln – ist natürlich die Großzügigkeit der Reichen. Eine scheinheilige Großzügigkeit allerdings; denn in dem überlegenen Lächeln steckt immer auch ein Stück weit Verachtung für alle, die sich Bücher kaufen, weil sie vielleicht Probleme haben, weil sie Rat suchen, weil sie Liebeskummer haben, weil sie sich unterhalten wollen... der Literat der Reichen kennt solche Probleme nicht.

> **Literatur darf einzig und allein *ein* Bedürfnis**
> **befriedigen: das Bedürfnis, sich abzugrenzen.**

Distinktion heißt hier das Stichwort, wenn wir es auch mal etwas feiner ausdrücken wollen, und wir beziehen uns dabei auf Pierre Bourdieu. Dies nur als Tip, damit wir es wissen, nur so, nicht etwa, daß wir uns was anmerken lassen. Genausowenig verraten wir, daß wir schon mal was von Arnold Hauser und der *Literatursoziologie* gehört hätten. Die soziale Frage ist nämlich Tabu. Für Hochstapler sowieso. Hochstapeln ist ja gerade ein soziales Täuschungsmanöver. Und auch in der gegenwärtigen literarischen Szene ist die soziale Frage wieder zum Tabu geworden. Da kommen wir gerade recht.

Der Unterschied etwa zwischen einem Gedicht von Ulla Hahn (literarisch) und einem Gedicht von Frau Allert-Dingenskirchen (nicht literarisch) ist in erster Linie ein sozialer Unterschied. Wir könnten ja spaßeshalber einen Blindtest machen und auf einer Party Gedichte vorlesen, ohne zu sagen, von wem sie sind... doch Scherz beiseite, das wäre ja fast schon ein aufklärerischer Akt, und sowas ist gar nicht unsere Art.

Es genügt, daß wir wissen, daß die Vermittlung von Literatur immer auch als soziale Rangzuweisung funktioniert. So brauchen die Kritiker auch keine Maßstäbe, sie können im Grunde schreiben, was sie wollen, können Bezüge herstellen, können vergleichen, oder auch alles totsagen, ganz egal, sie müssen nur hübsch das soziale Prestige im Auge behalten, versuchen, sich anzuhängen, nach oben buckeln, nach unten treten, – sie müssen also nur ein Vorurteil exorzieren; denn ausschlaggebend ist allein die *Größe* ihrer Besprechung, nicht der Inhalt. Größe – ich habe es immer schon gesagt. Bei den großen Besprechungen steht der Name des Kritikers, eines *Großkritikers* nach Möglichkeit, *über* der Besprechung, bei einer kleinen, steht der Name drunter. Ein mehrseitiger Verriß von Botho Strauß ist in Wirklichkeit kein Verriß, sondern nur ein weiterer Beweis dafür, wie wichtig der Autor (und der Kritiker natürlich) ist; eine »Kritik in Kürze« dagegen kann noch so euphorisch sein, die Kürze allein verrät schon, daß so ein Buch doch nicht so wichtig ist, sonst hätte man ihm mehr Platz eingeräumt. Denn *Raum ist Geld* lautet die heimliche Formel, an der wir uns zuverlässig orientieren können. Es ist wie beim Anzeigenteil.

So langsam haben wir uns einer wirklich interessanten Frage genähert, der Frage nämlich: Wie kommt man denn ans große Geld? Die klassische Frage für jeden Hochstapler.

Bildung wird zwar immer noch mit sozialem Aufstieg gleichgesetzt... klar, wenn man nicht zu den peinlichen Neureichen gehören will, sollte man zum Aufstieg schon eine möglichst *höhere* Bildung mitbringen, und dazu gehört nicht zuletzt immer auch die Literatur; doch heißt das umgekehrt natürlich nicht, daß Bildung allein schon den sozialen Aufstieg sichert, schon mal gar nicht bei dieser akademischen Überproduktionskrise, wie wir sie zur Zeit haben.

Und doch ist Bildung immer noch unsere einzige Antwort auf die Arbeitslosigkeit, als könnte man durch *Weiterbildung* das Problem lösen, und als gäbe es nicht schon genug Gebildete, die sich weiter und weiter qualifizieren, dann aber doch keine Arbeit finden. Immerhin kann man so vielleicht besser verstehen, wie es zu dem unangenehmen Bildungsgeprotze gekommen ist, für das nicht zuletzt Botho Strauß so mutig die Bahn gebrochen hat.

Nun haben wir eben den Salat: literaturhaltige Literatur, allüberall, von Bildungsgut und Zitaten nur so durchweicht; wertvolle Bücher mit Lesebändchen; den vornehmen Ton; erhabene Dichter, die sich vom Heiligen Geist anhauchen lassen; historische Themen und pseudo-historische Stilübungen; dazu einen hektischen Zeitgeist, der immer wieder bruchlandet und dabei nur von wenigen Erwählten rechtzeitig bemerkt wird. Und alles immer nur negativ: ein Grandhotel am Abgrund! (Kommt uns bekannt vor, oder?)

Dazu die freiwilligen »Hausmeister des Literaturbetriebes«, die auch noch meinen, im Geist der Erbengemeinschaft Adorno, Freud & Söhne zu handeln, wenn sie überall Schilder anbringen SPIELEN VERBOTEN und wenn sie jeden vor die Tür setzen, der ihnen nicht fein genug ist, nicht gut genug für die wahre Literatur.

Doch Ernst beiseite — wir wissen jetzt, wie wir all dem begegnen können, wir haben einiges gelernt, wir kennen die meisten Tricks. Wir lassen uns einfach nichts mehr anmerken, wenn wir mal etwas gerne gelesen haben, oder gar leicht lesbar fanden (auch ich könnte jede Menge Empfehlungen geben, aber...), — nein, als Hochstapler beschränken wir uns ganz auf die schwere, unlesbare Literatur. Nur die ist gesellschaftsfähig in den besseren Kreisen. Wir müssen sie ja nicht gelesen haben. Wir wissen inzwischen, wie wir trotzdem drüber reden können. Wir können das Spielchen mitmachen, wenn wir wollen; ein Spielchen, bei dem wir so tun, als würden wir uns für Literatur interessieren, obwohl wir in Wirklichkeit nur den Prestigewert nutzen wollen. Wir kennen nun die Spielregeln:

- Je unzugänglicher (langweiliger, unverständlicher),
  desto höher das Prestige.
- Je seltener (minoritär!), desto höher das Prestige.
- Je mehr Bildungsballast (möglichst altes Zeug),
  desto höher das Prestige.
- Je reicher (und daher nichtssagend, »bescheiden«),
  desto höher das Prestige.

Wenn wir uns allerdings so an die Reichen ranschmeißen, müssen wir auch mit einigen verspäteten Aristokraten und schrulligen Adligen auskommen, und wir müssen uns in einer Gesellschaft tummeln, in der Dichter geschätzt werden, die durchaus rechts, ja, sogar extrem rechts angesiedelt sind, – ob Benn, Jünger oder Hamsun. Bei Borges und Vargas Llosa wissen wir das nicht so genau. Aber bei Ezra Pound, der einen geradezu idealen Dichter für jeden Hochstapler hergibt: ein überzeugter Faschist mit garantiert unzugänglichen Texten (Niemand hat die ›Cantos‹ gelesen, geschweige denn verstanden, niemand!) . . . sowas hat natürlich hohen Prestigewert!

Ein Hochstapler spielt immer ein Spielchen – aber eins mit doppeltem Boden; denn ein Hochstapler ist immer auch ein Stück weit Geheimagent: Er lächelt, tut so, als würde er mitmachen und sich bestens auskennen . . . , und doch lautet sein Auftrag, das System zu unterlaufen, ja, zu unterhöhlen. Dies ist seine »höhere Wahrheit«. Ein Hochstapler hat dabei natürlich ein ironisches Verhältnis zu sich selbst, wie auch der wahre Revolutionär ein ironisches Verhältnis zu sich selbst hat, wie schon Lenin gegenüber Trotzki in seinem berühmten Eisenbahn-Gespräch offenbarte. Doch bei aller Ironie: Ganz ohne eine höhere Wahrheit geht es auch nicht, und das habe ich schließlich auch immer schon gesagt: »Nach meiner Theorie wird jede Täuschung, der keinerlei höhere Wahrheit zugrunde liegt und die nichts ist als bare Lüge, plump, unvollkommen und für den erstbesten durchschaubar sein.«

IX. ANMERKUNGEN

Das Wörterbuch des Hochstaplers

ist so angelegt, daß all die Begriffe, die besonders für Hochstapler interessant sind, durch **Fettschrift** hervorgehoben sind.

A
Abgrenzung, S. 23, 64, 90
Abrechnung, S. 36, 45
Absage, S. 40, 45
absurd, das Absurde, siehe **Jargon**
Achillesverse, S. 13
Ästhetik, S. 75
Allegorie, siehe **Jargon**
Alleswisser, S. 12ff., 20, siehe auch Günther
alternativ, alternative Verlage, S. 59
(DIE) ANDERE BIBLIOTHEK, S. 43
Anmerkungen, Anmerkungsteil, S. 69
Ansatz, S. 72 f.
Anspruch, S. 31
    besser natürlich: Ansprüche! Spielen auch im Liebesleben eine große Rolle. Während man in den Sechzigern noch meinte, mit »Bedürfnissen« auszukommen
Anthologie, S. 40
anti-Roman, S. 41
Antike, S. 49, 61
Antiquariat, S 43
Aufklärung, S. 25
    wollen wir auch nicht, wir lassen lieber alles unaufgeklärt und unklar
Auflage, Auflagenhöhe, S. 59
Aura, auratisches Kunstwerk, siehe Benjamin
Autobiographie, siehe **Jargon**
autonomens Kunstwerk, S. 55
Autorenbuch, S. 50

Außenseiter, S. 65
    Daß alle immer nur Außenseiter sein sollen, darüber hat sich schon Joseph von Westphalen empört: »... ja, diese unwegdenkbare Blüte des kulturellen Lebens, dieses Zentrum von Feierstunden, dieser Zankapfel für Verfilmer, dieses Alibi für Aufrichtigkeit und fehlende Zensur, dieses wollüstige Symbol für die Reife der Demokratie, diese letzte Hoffnung des Made in Germany, dieser Liebling der Insider, diese völlig im Schleim der Muschel integrierte Zuchtperle wird allen Ernstes als *Außenseiter* bezeichnet!« – wer ist es?
Avantgarde, Avantgardisten, S. 41

B
Barocklyrik, S. 56
Bedeutung (tiefe), S. 84
behaupten, Behauptung, S. 11
    gilt nicht: nur etwas zu behaupten, zählt nicht, noch lange nicht
Belesenheit, S. 30, 82
    Na? Wieviel haben wir denn so gelesen? Ich habe doch neulich erst gelesen, daß man es auf durchschnittlich 2.000 Bücher bringt, das macht im Jahr, wenn man 20 Jahre lesend lebt, äh, dann macht das 100 im Jahr. Etwa pro Monat eins. Rund gerechnet. Naja. Profis bringen es auf

24.000. Das macht . . . , aber Zahlen sind ja nicht unser Gebiet. Kempowksi betont in seinem Buch ›Hundstage‹, daß er eine Bibliothek mit ca. 8.000 Büchern habe. Man merkt schon: er hat seine Bücher wohl gezählt

Belletristik, S. 42

Beobachtungen,
siehe auch Einzelbeobachtungen

Besinnungsaufsatz, siehe Lebenshilfe

Bestandsaufnahme, S. 27

Bestenliste des SWF, S. 86

Bestseller, -liste, -autor, S. 50, 60

(Literatur-) Betrieb, S. 65

Bezug, bezieht sich auf, S. 43, 50f., 61

Bibelübersetzung, S. 23
Übersetzungen übrigens sind immer nur schlecht. Und wenn wir das beklagen, tun wir gleichzeitig so, als hätten wir alles mit dem Original verglichen. Besonders die Übersetzungen aus dem Japanischen sind ja so unsagbar schlecht

Biographie, siehe **Jargon**

bitter, bitterböse, S. 37

böse, S. 37

Bonmot, S. 56

Boxen, S. 85

brilliant, S. 59

Bukolik, bukolische Lyrik, S. 13
Schäferlyrik, ein etwas abgefahrenes Beispiel, zugegeben

C

Checkliste, S. 32, 44f., 60f.
Bei trivialer Literatur gibt es sowas natürlich. Ausländerprobleme oder Homosexualität z.B. stehen auf einer schwarzen Liste und dürfen in den Heftchenromanen nicht vorkommen. Für die gehobene Literatur gelten solche Checklisten auch, nur wird − außer in diesem Hochstaplerbuch − nie darüber gesprochen

Christentum, S. 50

Collage, S. 41

Computer, S. 67

D

Dada, Dadaismus, siehe Goll

Debut, S. 27

Definitionen, S. 20
gilt es zu meiden. Auf keinen Fall den Brockhaus oder Duden zitieren. Sowas ist Leserbriefniveau! Ebenso sind wir sparsam mit **Quellenangaben**. Wir nennen nur seltene Quellen. Der Rest könnte ja auch auf unserem Mist gewachsen sein

deiktische Wendungen, Deixen, S. 10
heißt soviel wie weisend. Unbedingt mit »e-i« aussprechen, nicht »ei«

Detail, S. 65

Detmold, S. 66
ehemalige Hochburg des deutschen Liberalismus − was, nicht gewußt?!

Dichter, S. 55ff., 62ff.
wird hier ironisch verwendet, wenn man auch neuerdings ganz neopathetisch, esoterisch und postmodern, wieder von Dichtern sprechen kann, ohne lachen zu müssen (Willi Winkler über Goetz). Thomas Mann dagegen war, im Unterschied zu Goethe, kein Dichter mehr, sondern nur Schriftsteller. In den 60ern tauchten dann plötzlich Textproduzenten und Kulturschaffende auf, wobei einige der Kulturschaffenden inzwischen zu Kulturträgern geworden sind

dialektische Methode, Dialektik, S. 56
Ja, die Dialektik, auch in der Dichtung: Es ist tatsächlich der Widerspruch, der da ins poetische Bild gezwungen wird, und von Brecht hat es dann Wolf Biermann und treibt es zum Exzeß. Der Widerspruch jedenfalls, der nach marxistischer Lehre ein Klassenwiderspruch ist und der nicht etwa wie im barocken Weltbild die Welt bestätigt, als wollte er sagen: na bitte, so ist es eben, es gibt solche und solche . . . Nein, dieser Widerspruch ist dynamisch; er bewegt die Welt. Überhaupt bewegt der Widerspruch alles, alles in Richtung auf den Sozialismus, und da erst wird dann der Widerspruch zwischen gehobener Kunst und proletarischer Kunst (in der Musik zwischen E- und U-Musik) endlich überwunden, ganz im Einklang mit der Hegelschen Geschichtsphilosophie. Dann geht es eigentlich erst los mit der Kunst. Ironischerweise wird auch diese dialektische Kunst wiederum zum Kitsch und fast schon zur didaktischen Kunst (Man darf da schon mal augenzwinkernd didaktisch mit dialektisch verwechseln), dann nämlich, wenn die offenen Fragen, doch nicht

sooo offen bleiben, wenn die Kunst allzu eindeutig und platt dem »Sozialismus nützen« soll . . . Tja, so kann es gehen

diskreditieren, S. 11

statt beobachten ist typisch für eine propagandistische Schreibhaltung: der Leser soll vorgefaßte Meinungen (Meinungen fast immer nur: vorgefaßt) übernehmen. Sowas ist natürlich keine Literatur

Dissonanzen, **grelle**, S. 89

Distinktion, S. 90

dran reiben (können), S. 89

E

echt?, S. 16

Ebene(n), S. 73f.

Edikt, siehe Goethe

elegant, S. 88

eigenständig, das Eigenständige, S. 22

elität, siehe **minorität**

Einsamkeit, S. 82

ein Stück weit, S. 10

Einzelbeobachtungen, S. 29

noch nie waren sie so wertvoll wie in ›Das Gewicht der Welt‹ von Peter Handke. Hier verzichtet der Autor sogar – bewußt, bewußt! – darauf, an Ende eines Satzes einen Punkt zu setzen (wie in diesen Anmerkungen); es folgt einfach Einzelbeobachtung auf Einzelbeobachtung . . . irgendwie erinnert das an Aufklärungssatelliten, die aus großer Höhe (!) winzige Details feststellen können. So auch bei Handke: es ist nämlich die unglaublich große Höhe mit der er seine Einzelbeobachtungen präsentiert, – darauf kommt es an. Tip für Hochstapler: es ist immer gut, die Methoden der Beschreibung oder Beobachtung zu loben, das erspart uns inhaltliche Diskussionen, bei denen wir bei solchen Autoren kein Land sehen würden (weil ja auch die Methode zum Inhalt geworden ist . . .)

Ekel, S. 80

Dazu Felix Krull selber: »Unsere Fähigkeit zum Ekel ist, wie ich anmerken möchte, desto größer, je lebhafter unsere Begierde ist . . . « Na? Fast schon eine Pointe. Oder ein Bonmot

Ellipse, elliptisch, S. 26

emotional, emotionalistisch, – oder eben auch emotiv, S. 74

Empfangsbestätigung, S. 15

Engagement, S. 28, 30

ist den nervösen Neulingen vorbehalten, auch wenn es heutzutage nicht gerade politisches Engagement ist. Mehr so Engagement als Pose. Ganz heftig, mit Schaum vor dem Mund, machen sie von sich reden . . . ja, ja, die sollen getrost mal was **vehement** vortragen; sollen in ihren Texten immer wieder unglaublichen Mut beweisen, ihren ganzen Haß auskotzen, und überhaupt ständig so tun, als würden sie in irgendein offenes Messer laufen, als würden sie Risiken auf sich nehmen und Gefahr laufen, was auch immer – Ach ja, diese jeweils Neuesten Wilden der Saison sind die alten Neuen von morgen. Sie werden indes im Literaturbetrieb von Zeit zu Zeit gerne gesehen, – es ist ja sonst auch so langweilig. Wild sollen sie also sein, allerdings auch etwas edel, wenn's geht, in einem angesehenen Verlag etwa, bitteschön, so hat man sie gerne, als edle Wilde, in einem Wort: als Winnetou

Entschiedenheit, oder auch: Entschlossenheit, S. 82

Entwicklungsroman, S. 52

entziehen, S. 60

entzünden, S. 89

Epigone, S. 63

Erbarmungslosigkeit, S. 80, siehe auch schonungslos

Erfolg, S. 29

Ergebenheitsadresse, siehe Goethe

Erklärungsmodell, S. 25

Immer das längere Wort nehmen: Erklärungsmodell ist besser als einfach nur Erklärung. Noch besser wären die Erklärungsmodelle, möglichst viele. Möglich auch: Erklärungsmuster (mehrere natürlich)

ernst, S. 85

ernsteln, S. 85

Ernsthaftigkeit, S. 82

erschüttternd, siehe auch zwerchfellerschütternd, S. 86

Erzähler, S. 42

Erzählung, siehe **Jargon**

Erzählperspektive, (stimmt meist nicht), S. 60

Exilliteratur, siehe Goll

Erst der absolute Hit, inzwischen auch schon fast wieder out. Ist ja auch unbefriedigend. Wie eine Nachrichtensendung, bei der man jede Menge Details geboten kriegt (Ankunftszeit des Präsidenten, Anzahl der Böllerschüsse, Speisefolge . . .), aber nicht weiß, worum es bei dem Besuch eigentlich geht. Nun ja, das literarische Urteil verändert sich wie die Mode. Nehmen wir nur die Entwicklung im Uhren-Design: erst die absolute Genauigkeit: Digitaluhr, auf die Sekunde genau, selbst bei hohem Wasserdruck, und auf Wunsch mit Beleuchtung; nun das Farbzifferblatt, bei der man die Uhrzeit nur noch ungefähr ahnen kann

Pathetische Ausrede, daß man unklar läßt, welche Beziehung denn nun zwischen den Begriffen besteht. Auch in der DDR weiß man nie so recht: »Haus des Sportes« z.B. − wohnen da die Funktionäre? Ist es eine Turnhalle? Oder gibt es da Fußbälle zu kaufen? Oder Karten für Fußballspiele? Gleichwohl werden die stolzen Genetive gerne als Titel gesehen, sowohl bei trivialer als auch bei wertvoller Literatur

ist unsere Art, Widersprüche auszudrücken, ohne daß wir uns dran stören (typisch Feuilleton). Mit etwas Übung schaffen wir das auch mit **indes**

Ganz was schlimmes. Noch schlimmer ist: gut gemeint. Denn wie heißt es schon bei Benn: »Das Gegenteil von Kunst ist nicht Natur, sondern gut gemeint.« Oder so ähnlich

Wer hat das nun wieder gesagt, daß Literatur immer auch ein Handstreich ist? Na, wer wohl?

I

Idealisten, S. 23

    haben es immer mit den Augen. Entweder sind sie blauäugig, oder einäugig – wobei vermutlich unter den Einäugigen der Blauäugige König ist

Ideologieverdacht, S. 55, siehe auch Adorno

Impressionismus, S. 72

immer auch, S. 24

intellektuell, Intellektueller, siehe normale Menschen

interessant, S. 30, 42, 51

interesseloses Wohlgefallen, siehe ›Wunschloses Unglück‹

Intertextualität, S. 49

    Vorweg: nach de Saussures Theorie ist Sprache ein Zeichensystem, das zwar eine gewisse Eigenständigkeit hat, sich aber doch auf Realität bezieht, ja, diese sogar mit produziert (wie unterschiedlich die Bezüge dabei sein können, zeigen die verschiedenen Richtungen des Strukturalismus – Lacan, Barthes, Foucault, Lévi-Strauss...) Als Kritiker dieser Richtung behauptet nun Derrida, daß Worte sich lediglich auf Worte und Texte sich auf andere Texte beziehen: Intertextualität, welch reizendes Wort

Ironie, S. 58

    Da hätten wir die **höhere**, die **schwebende** und die **romantische Ironie**, wobei es wiederum die Ironie dieser Ironie ist, daß man auch sie wieder leid wird, wie schon Schelling sagte, oder Vischer, oder wer auch immer

irritieren, S. 88

J

Japaner, S. 15

Jargon (der Kritiker), S. 80

    Hier gilt es ein Mißverständnis zu klären – folgendes Problem: Henscheid hat einst die Kritiker angeklagt, sie verfügten nicht über die einfachsten Begriffe, um eine humoristische und komische Literatur angemessen zu besprechen, sie wüßten nicht, was eine **Parodie** von einer **Travestie** unterscheidet, gar von einer **Persiflage**, all die Grundkenntnisse zu ›Scherz, Satire, Ironie und tiefere Bedeutung‹ seien ihnen fremd und Henscheid hat ihnen daraufhin schlicht die Kompetenzen abgesprochen,

diese Art von Literatur überhaupt zu beurteilen. Natürlich hat er recht. Aber was soll's? Macht es denn überhaupt einen Unterschied? Nehmen wir nur mal an, ein literarisches Buch verwende einige Krimi-Elemnte, wobei es allerdings darauf ankommt, daß es kein einfacher Krimi ist (sowas wäre ja keine Literatur!), sondern ein literarisches Werk, das lediglich solche Elemente enthält, – also: können wir dann nicht munter drauflosschnattern, daß dieses Buch eine höchst hintergründige Krimi-Parodie ist; oder daß sie die Elemente eines Krimis ironisch augenzwinkernd vorführt, oder auch nur zitiert; ja, daß es vielleicht gar eine gelungene Krimi-Persiflage ist, oder gar eine Krimi-Satire, eine bitterböse natürlich, oder auch ein satirischer Krimi, oder satirisch überspitzter Krimi; oder einer, in dem die Elemente des Krimis stets vielfach ironisch gebrochen werden? Vielleicht ist es gar eine gekonnte Kolportage? Möchte überhaupt jemand die Unterschiede wissen? Die Inkompetenz gilt nicht nur für die Art von Literatur, als deren Vertreter sich Henscheid sieht. Sie gilt generell. Wer wüßte denn heute noch zu unterscheiden zwischen einer **Biographie** und einer **Autobiographie**? Muß man nicht schon froh sein, wenn einem nicht gleich eine **Monographie** angedreht wird? Und was, bitte schön, ist denn nun der **Roman**? Wir warten immer noch. Und was die **Novelle**, Erzählung, **Geschichte**? Und was: **Symbol, Allegorie** (nicht etwa Allergie!), **Fabel, Methapher, Bild, Umsetzung, Verfremdung, Überhöhung**? Wie unterscheidet man das **Groteske** vom **Absurden**, und beides von der **Farce**, und was ist denn überhaupt **Ironie**? Wer weiß es? Freiwillige Meldungen? Sehen wir **nicht** im Wörterbuch nach! Wenn wir es absolut nicht lassen können... bitte schön. Doch was würde es uns nutzen? Wir hätten eine Definition an der Hand und müßten feststellen, daß nach dieser Defenition die Begriffe offenbar gar nicht mehr gebraucht werden. Denn die exakte Klärung der Begriffe gehört nun mal in den Zuständigkeitsbereich der Wissenschaft. Und Wissenschaftler dürfen erst dann **sauber trennen** und **sezieren**, wenn der Patient tot ist; der Kritiker dagegen soll noch schnell auf den **Puls fühlen**. Eine exakte Definition ist nur möglich für historische Begriffe, für Begriffe, die wir nicht mehr benutzen. Kritiker und Wissenschaftler plaudern eben nicht aus dem selben Nähkästchen. Man soll sich da nicht täuschen lassen: natürlich tun die Kritiker gerne mal ein wenig akademisch und maßen sich einen irgendwie wissenschaftlichen Duktus an, greifen auch gerne mal ins fremde Nähkästchen und fischen sich eine Nadel raus, mit der sie dann prompt falsch umgehen – insgesamt aber haben sie einfach andere termini technici. Sie sind wie der Verkäufer im Hi-Fi-Laden, der nicht weiß, was eine Frequenz ist, aber seinen Kunden immer was vom »obergeilen Sound« erzählt

Journalismus, S. 21

Jugend, **Jugendbuch**, S. 27 f., 46, 50

Die deutsche Literatur ist ernst! Immer hat schon der Ernst des Lebens angefangen; Jugend gibt es nicht mehr. Daß Bücher auch mal zugleich Jugendbuch und Literatur sein können (Melville, Dickens, Stevenson, Kipling ... u.s.w.) ist bei uns nicht vorgesehen; auch jugendliche Helden (wie bei Twain, Salinger, Leavitt ...) kennen wir hier nicht so. Dafür wimmelt es in der Werbung von Jugendlichen

Jugendsünde, S. 28

Wie peinlich es ist, als Jugendlicher zu dichten, hat schon Hermann Hesse empfunden und festgestellt: Dichter könne man nicht werden, nur sein

K

Kassandra, S. 49

dazu das gleichnamige Buch von Christa Wolf

Kitsch, S. 57

Kitsch der Negativität, Kitsch-prophylaxe, S. 38

Klagenfurt, S. 46, 90

Die Regeln für diesen Wettbewerb sind noch nicht ganz ausgereift. Vorschlag: neben der Kür sollte es auch eine Pflicht geben, bei der alle Autoren das selbe Thema (irgendwas mit Tod, zum Beispiel) bedichten müssen – so könnte man besser vergleichen. Die Preisrichter sollten dann nicht so lange rumreden, sondern sofort ihre Kärtchen zücken: 8,9 – 9,5 – 9,3 ...

Klassiker, S. 50, 73

klassisches Drama, S. 41

Kleinkunst, S. 81

An dieser Stellen wollen wir nicht versäumen, Ernst Jandl zum Kleinkunstpreis zu gratulieren!

Kleinverlag, S. 59

Kochbuch, S. 67

Kolportage, siehe **Jargon**

komisch, Komik, S. 85

Konjunktiv, S. 54

Es soll in Österreich sogar Literaturprofessoren geben, die einen Zettel an ihre Tür hängen mit der Inschrift »Wäre gleich wieder da«, aber vielleicht kommen sie auch nicht wieder

Konjunktiv-Koller, Konjunktivregeln, S. 54

Korpus Walbaum Monotype, S. 43

Kunstreligion, S. 25

Kraft, S. 86

Krankheit, S. 24

Da haben wir nun Autoren, etwa Hermann Burger, bei denen läßt sich ihr Werk nicht von ihrer Krankheit trennen, wie die Kritik vermerkt – was machen wir denn da?

Kriterien, verbindliche, oder auch **objektivierbare**, S. 30, 65

Oder gibt es doch welche? Es gibt immerhin Oellers kleinen hierarchischen Katalog zur Einordnung der deutschen Gegenwartsliteratur in sechster verbesserter und verfeinerter Auflage, der »über Computer und mittels informationstheoretischer Methoden ... Maßstäbe und Proportionen sichtbar« macht, »nach denen die Kritik nun endlich die vorliegende Literatur messen kann«. Das sieht dann etwa so aus: Bernhard, Thomas: 72% Dichter, 1% Schriftsteller, 102% Dichterdarsteller; Grass, Günter: 69% Schriftsteller, 96% Dichter, 69% Dichterdarsteller, 96% Schriftstellerdarsteller, 12% Steinmetz, 37% Grafiker = Großschriftsteller und -darsteller; Handke, Peter: 80% Schriftsteller, 26% Dichter, 33,6% Dichterdarsteller; Kempowski, Walter: 79% Sammler, 21% Schriftsteller; Rühmkorf, Peter: 43% Dichterzersteller, 24% Elbehölderlin, 21% Schausteller; Simmel, Johannes Mario: 45% Wörterverarbeiter, 45% Bilderlieferant, 90% Schnellsteller... na, und so weiter

Kritiker, S. 29, 40, 43, 50f., 65, 70, 79ff., 87

An einem Kritiker ist immer auch ein Schriftsteller verlorengegangen, und es ist einfach immer wieder peinlich, daß sie sich im selben Medium äußern – Musik-kritiker beispielsweise müssen ihre Besprechungen nicht vorsingen; Literatur-Kritiker aber schreiben immer auch selbst. Doch bedauern wir sie nicht zu früh. An ihnen ist immer auch ein Politiker verlorengegangen; jemand, der die **Macht** mehr liebt als die Literatur, die er nur vorgeblich, ach, so sehr liebt, so wie – na? Was sagen wir? – so wie der Papst die Frauen oder wie der Bundeswehrgeneral den Krieg. Das kleine Machtgefühl ist ihr Trostprcis Irgendwas müssen sie ja dafür kriegen, daß sie die Literatur immer nur kaputt machen. Viel Geld ist es nicht, nur eben Macht, oder zumindest ein Vor-geschmack davon. Lobt ein Kritiker ein Buch, dann gilt das Lob nur vordergründig dem Buch, hauptsächlich lobt sich der Kri-tiker damit selbst. Das gehört zu seinen kleinen Freuden. Verreißt er ein Buch, freut er sich umso mehr, nun kann er sich über das Werk erheben und sich in eine Rolle reinschwätzen, in der er wieder Leh-rer sein darf. Oder Arzt. Hier schlägt gleich wieder der Geist der Psychochoana-lyse zu, der eine Art Heiliger Geist der Kri-tik ist und die Dichter auf die Couch ver-bannt. Was immer sie geschrieben haben, gilt noch nicht; da muß erst der Kritiker kommen und fragen, was **dahinter** steckt, oder da drunter liegt, als wäre die wahre Literatur ein Rubbellos mit einer glatten, irgendwie irreführenden Oberfläche. Erst der Kritiker stellt fest, was sich dahinter verbirgt und verkündet es lautstark: Niete! Kritiker haben auch ein großes Vorbild: Alfred Kerr. So wie Kraus gerne der »große Kraus« genannt wird, so kann man auch hier vom »großen Kerr« sprechen. Und so können wir auch die Kritiker mit ihren eigenen Waffen schlagen. Wenn sie wieder mal mit der Tour kommen: naja, ein neuer Goethe ist es nicht..., dann kommen wir: naja, ein neuer Kerr ist es nun wirklich nicht. Dabei sind sie ja nicht mal Kritiker, sondern, wie schon Raddatz über RR bemerkte, nur **Rezensenten**, sie haben nämlich, wie schon Peter Schneider festgestellt hat, keine Positionen mehr. Neuerdings sind sie sogar, wie Enzensber-ger meint, nur noch **Zirkulationsagenten**, also eine Art Werbebremser. So hat Enzensberger die literarische Kritik auch totgesagt; Hubert Winkels dagegen hat ihr schöne Zukunftsaussichten bescheinigt

L

Lebenshilfe, S. 24

Die Frage, ob Literatur Lebenshilfe sein kann, war ja geradezu **das** Thema für einen Besinnungsaufsatz

Lebensmittel, S. 24

Nein, kein Witz. Daß Literatur eines der billigsten Lebensmittel sei, hat der Verle-ger Greno wiederholt in einer Talkshow behauptet. Wobei wohl die Bücher aus sei-nem Verlag, um im Bilde zu bleiben, eher die Sahnetorten unter den Büchern sind

Leerstelle, S. 26

leicht, leichtfüßig, Leichtigkeit, scheinbare Leichtigkeit, S. 87 ff.

Lesebändchen, S. 43

Lektor, S. 18, 62, 80

gibt es auch nicht mehr. Jedenfalls keine richtigen mehr (so wie früher)

Lexikon, S. 40

nein, dies ist in der Tat kein Lexikon. Im Lexikon stehen womöglich sogar Defini-tionen. Jedenfalls steht da, was was ist. Ein Hochstapler sagt aber immer nur: so kann man das nicht sagen. Und da ich ja schließlich selber Hochstapler bin, kann ich natürlich kein Lexikon verfassen

Lieblingsautor, siehe Kohl

literarisches Thema, S. 46 ff., 61

Hier müssen unbedingt Wolfgang Hege-wald und Klaus Beyse erwähnt werden, die in der Lage sind, sich literarische Themen auszudenken, die so abgelegen sind, daß man es gar nicht sagen kann

Literatursoziologie, S. 90

Von »kompetenter Seite« besteht z.Zt. kein Interesse an einer Literatursoziologie. Wer will sich schon um seine Position labern?

Lob, S. 17 f.

LP, S. 40

Lyrik, S. 42

M
Macht, S. 86
Manifest, S. 40
manieriert – manieristisch, S. 74
Marginalie, S. 65
Medusa, S. 49
> Dazu hätten wir das preisgekürte Buch gleichen Titels von Stefan Schütz. Es ist auch dasjenige Buch, welches Größe vor sich herschiebt

Meinung(en), S. 23, siehe auch Musil
Memoiren, S. 64
Metapher, siehe Jargon
methodisch – methodistisch, S. 74
MEW-Gesamtausgabe, diese blauen Bücher, Marx-Engels-Werke, S. 43
Milieustudie, S. 27
minoritär, S. 59
> Welch schönes Wort für eine schützenswerte Edel-Minderheit. Zugleich vermeidet man das Wort **elitär**. Dazu folgende Zahlen: das liest der Mensch: Tageszeitungen 84,4%; Programmzeitungen 65,7%; aktuelle Illustrierte 43,9%; unterhaltende Romane 26,6%; Hobby-Zeitschriften 24,9%; Frauen- und Modezeitschriften 24,3%; Sachbücher 23,3%; Fachzeitschriften 19,6%; anspruchsvolle Literatur 12,7% – Zahlen sind einfach unbefriedigend – stimmts? Außerdem haben wahrscheinlich 10% bei »anspruchsvoller Literatur« an sowas wie Eva Heller gedacht
> Noch kurz zum Stichwort **minoritär**: mit dem Bestreben alles exklusiv und selten zu halten, hängt auch zusammen, daß wir **Vielschreiber** gar nicht leiden können

modern talking, S. 80
> deutscher Pop-Exportartikel, gleichwohl angemessener Ausdruck für die Tätigkeit der Kritiker, besser: Zirkulationsagenten

Moderne, S. 41
Monographie, siehe **Jargon**
Moral, S. 25
> Ehrlich gesagt, fürchte ich im Stillen, daß große Lieratur doch immer auch moralisch ist; wie ja auch große politische Bewegungen, Revolutionen gar, auch immer eine starke moralische Kraft haben... ach ja, ich muß sogar soweit gehen und fürchten, daß dann auch die ewigen Moralapostel der Nation, und damit meine ich nicht nur Böll und, ich

erhöhe, Luise Rinser, sondern, ich erhöhe noch weiter, auch Simmel, daß sie also auch, äh, zur Literatur gehören. Von weitem sieht es so aus. Die Japaner etwa die sich schon öfter freundlicherweise als Beispiel zur Verfügung gestellt haben, halten gerade Böll und Simmel kraft ihrer Moral (,die uns einheimischen Feingeistern so auf die Nerven geht) für bedeutende literarische Figuren. Und – wer weiß – vielleicht ist da ja was dran. Solange nicht auch Franz Alt zur Literatur gerechnet werden muß, halte ich den Gedanken, daß Literatur immer auch moralisch sein sollte, für durchaus bedenkenswert. Aber das ist natürlich meine Privatmeinung. Und als Hochstapler muß man ja nicht immer ehrlich sein. Im Gegenteil. Da machen wir es uns doch einfach: bloß keine Moral. Sowas ist doch keine Literatur. Moral ist Moral und Literatur ist Literatur. Dienst ist Dienst und Schnaps ist Schnaps

moralinsauer, S. 25
moralischer Zeigefinger, S. 25
Mühe (allein reicht eben nicht), S. 82

N
nach Auschwitz, S. 42
> Daß man nach Auschwitz keine Gedichte mehr schreiben könne, hat Adorno später revidiert. Daran kann es also nicht liegen

namenlos, das Namenlose, siehe ›Berge des Wahnsinns‹
Nebensatz, **Nebensatz-Strategie**, S. 17 ff.
Negativität, S. 36 ff.
nicht neu, nichts Neues, (eigentlich) nichts Neues, (im Prinzip) nichts Neues, S. 30
nicht zuletzt, S. 15, 52
> Immer gut, wenn man nicht direkt sagen kann (oder will), daß etwas so ist. Dann ist es eben **nicht zuletzt** so. Das immerhin nicht. **Nicht zuletzt** ist fast so gut wie **immer auch**

Nobelpreis, Nobelpreisträger, S. 62
noch lange nicht, S. 20
normale Menschen, S. 38, 44f.
> »Bücher über gewöhnliche Menschen, die sich auf gewöhnliche Weise verhalten, sind äußerst selten, weil sie nur von jemand geschrieben werden können, der fähig ist, den gewöhnlichen Menschen sowohl von

außen wie von innen zu sehen; aber das schließt das Eingeständnis ein, selber zu neun Zehnteln gewöhnlich zu sein, und genau das will kein Intellektueller je sein« (George Orwell)

Notiz, siehe Goethe

nouveau roman, S. 42

Novelle, Novellen-Theorie, S. 42

Wie sehr ausgerechnet der Roman mystifiziert ist, als wäre es das, was wir Nörgler alle wollen und nie kriegen, merkt man **nicht zuletzt**, wenn wir nach der **Novelle** fragen. Was ist denn das? Eine kleine Schwester des Romans, oder was? Novelle klingt bescheidener und feiner zugleich – Aha, aha! ›Ein fliehendes Pferd‹ etwa ist eine Novelle, ›Seelenarbeit‹ dagegen ein Roman? Weil es dicker ist? Weil Pferde in einem richtigen Roman nichts zu suchen haben? Sondern nur in **Fabeln**? Nach der Novellen-Theorie wäre die Novelle die Darstellung eines besonderen, unglaublichen Ereignisses, der Roman dagegen – tja, das wäre irgendwie noch was anderes, irgendwie noch mehr. Aber was? Vielleicht sogar ein speziell deutsches Problem, da wir gerne die Dinge noch komplizierter erscheinen lassen und gerne mal mit einem Fremdwort blenden. In der Übersetzung nämlich schwinden die Probleme plötzlich: Roman und Novelle sind auf englisch einfach »a novel«. Aber heute unterscheidet ja auch keiner mehr.

O

objektivierbare Kriterien, siehe Kriterien

Objektivität, S. 75

Olympische Formel, S. 82

Österreich(er), S. 45, 54

bleiben wir fair: es ist auch ein entsetzliches Land: Glykol, Waldheim, Falco, u.s.w.

Ontologie, S. 40

Ostpreußen, S. 60

Oxymoron, S. 56

klingt wie ein Umweltgift, wir sollten uns den Begriff aber schon deshalb merken, weil ein X und Y drin vorkommen. Hinter dieser Figur offenbart sich ein Einblick in das barocke Weltbild. Dieses ist nämlich statisch, heute würde man sagen: ausgewo-

gen. Es ist wohl geordnet und soll sich nicht verändern. Und wenn ein Dichter sagt, daß etwas sowohl als auch ist, dann sind alle damit zufrieden. Auch die Musiker komponierten mit Kontrapunkt, und so rattert die Barockmusik immer so ruhig und langweilig dahin wie eine Nähmaschine

P

Pathos, S. 26, siehe auch Sprachlosigkeitspathos

pädagogische Absicht, S. 28

Wollen wir gar nicht. Gleichwohl ist es gerade für den deutschen Leser angebracht, wenn man gleichzeitig was lernt beim Lesen. Sei es über die Welt des Mittelalters aus dem ›Namen der Rose‹, oder natürlich alles über Ovid oder zumindest, was das Wort olfaktorisch heißt. Aus... na?

Pamphlet, S. 40

Pantheismus, S. 74

paradox, Paradoxie, S. 56

Parodie, siehe **Jargon**

Personenverzeichnis, siehe Goll

Persiflage, siehe **Jargon**

Phänomen, S. 29

Philosophen, S. 23

Waren nicht so manche Philosophen gleichwohl Dichter? Benjamin zum Beispiel? Aber auch Bloch! Ist nicht seine Sprache allein schon sehr lyrisch und ganz im Geiste des Expressionismus?

Plural, Pluralbildungen, S. 73

lassen sich auch dezent andeuten, wenn man jedwedes **ein** betont. Dies nur **ein** kleiner Tip (als gäbe es noch jede Menge anderer). Man kann sogar sowas sagen wie: selbst **ein** Goethe hatte seine Schwächen (als gäbe es mehrere – vielleicht geklonte – Exemplare)

Poesie, siehe Heller

Pointe, S. 56

Pirouetten, S. 88

Planierraupe, S. 24, 83

Politkitsch, S. 23

Politik, Politiker, S. 21

sind allerdings keine Dichter. Nie. Auch Churchill nicht, der immerhin den Nobelpreis gekriegt hat – den für Literatur, wohlgemerkt!

Populärkultur, S. 20, 50
kann in der historischen Distanz wieder geadelt werden. Wollschläger etwa, der sich sicher zu fein wäre, sich mit dem Autor von »Jerry Cotton« oder mit Utta Danella gemein zu machen, ja, auch mit Karl May selber, lebte er nur noch; der kann aus der historischen Distanz dann doch gönnerhaft mit seinem wertvoll klingenden Namen die Werke von Karl May herausgeben, um sie vielleicht etwas teurer zu machen
Positivität, das Positive, S. 39 siehe auch Böll
Postmoderne, S. 80, siehe auch ›Weg war weg‹
Präsident Schnellpresse, S. 43
Preise, siehe **Rolle**
zeichnen den Preisgeber aus und schmücken ihn mit dem Namen des Preisträgers. Dazu ein Vorschlag zur Güte: man sollte statt dessen Orden einführen und das Geld, das der Preisträger meist gar nicht mehr brauchen kann, den wirklich Bedürftigen zukommen lassen. Warum sollte auch Ehre so direkt mit Geld verbunden sein? Vor allem aber sollten die Preise nicht länger nach Toten benannt werden, die weder mit dem Preisgeber noch -träger das Geringste zu tun haben. Im Ernst: warum soll Max Frisch den Heine-Preis (schreibt Frisch jetzt etwa auch Gedichte?) und Hermann Lenz den Büchner-Preis haben? Wäre es da nicht besser, den Rang der zu verleihenden Orden beispielsweise in Karat auszudrücken, also: Frisch erhält den zehn-karätigen Orden, Lenz den acht-karätigen . . . wäre das nichts?
Prestige, Prestigeobjekt, Prestigewert, soziales Prestige, S. 10, 61, 91ff.
s.o. Preise werden vorzugsweise nach dem (schon vorhandenen) Prestigewert der Dichter verliehen
Professor, S. 18
Gefürchtet als Autoren, weil sie so belesen sind und gelegentlich auch geschwätzig. Gefürchtet auch der sogenante Professorenroman. Gleichwohl sind Eco und Watzlawick Bestseller-Autoren
Proletarier, S. 36
Prometheus, S. 49
Den hätten wir in der gefesselten Ausführung, ein antikes Drama von Aischylos,

neu üersetzt von Handke, Heiner Müller dagegen hat Prometheus befreit. Gefesselt ist natürlich besser als befreit
Propaganda, S. 23
Protagonist, S. 51
Provinz, S. 55
leider, aber das sind wir: Provinz, mit der Hauptstadt Bonn am Rhein. Ob es nun am frühen Verlust der Kolonien liegt? An der unseeligen nationalsozialistischen Zeit? Jedenfalls fehlt dem Deutschen − trotz aller Rekorde im Tourismus − die Weltläufigkeit, wie nicht zuletzt die neue Ausländerfeindlichkeit zeigt. So erklärt sich auch die fast schon legendäre Hemingway-Rezeption nach dem Krieg: erschien uns doch Hemingway als **der** Mann von Welt. Und ist nicht auch sowas wie der exorbitante Fremdwortgebrauch (Benn, Arno Schmidt) und die Vorliebe für exotische Schauplätze und die fiebrige Reiselust, gerade bei der jungen Literatur, letztlich doch ein Anzeichen für Provinzialität? Gerade doch?
Provokation, S. 24
Pseudonym, S. 3, ganz oben auf der Seite
dazu Felix Krull: »Welche Wohltat, welche Anregung, welche Erquickung des Daseins, sich mit einem neuen Namen vorzustellen und anreden zu hören.«
Psychologie, S. 26
Psychoanalyse, S. 26, 37, 85
psycho-realism, siehe Irving

Q

Qual(en) − Quälerei, S. 83, 87f.
quälend, S. 89
Quelle, Quellenangabe, siehe Definitionen
(kann man natürlich bei einem Hochstaplerbuch auch nicht erwarten)

R

RAF, S. 50
räsonieren, S. 11
sollte man nicht machen. Nicht literarisch sowas
Redakteur, S. 18
Reinhaltung, S. 23
Wollschläger erhielt jüngst einen Preis für sein Wirken zur »Reinhaltung der deut-

schen Sprache« (dabei ist eine Reinhaltung weder möglich noch wäre sie wünschenswert). Ist es nicht, als wenn jemand 1 l destilliertes Wasser in den Rhein gießt und dafür einen Preis für die Reinhaltung der Gewässer erhält? Allerdings gibt es eine Reaktorsicherheit genausowenig. Und wenn es hier sogar einen Ministerposten für Reaktorsicherheit gibt, dann sollen auch getrost Preise für Reinhaltung verliehen werden

Resignation, S. 24

Rezensent, siehe Kritiker

Rezipient, Rezeptionsästhetik, S. 71

Welch schönes Wort! Noch schöner ist dies hier: Husserlsche Phänomenologie (unbedingt vorher üben!). Und darauf beruht die Rezeptionsästhetik, vertreten durch Jauss und Iser

Risiko, S. 83

reimlose Ode, S. 42

Rolle der Kritik (besser wäre natürlich: Funktion!), S. 80

Kritiker fördern die Litertur nicht, sie schaden ihr nur. Lassen wir uns also nicht täuschen von einem verbreiteten Selbstmißverständnis der Kritiker, die sich einreden, sie würden etwas **für** die Literatur tun, etwa durch Entdeckungen, Förderungen, Preise, Reklame, Lob, – und so weiter. Alles schön und gut ... nur ist es leider so, daß ein Kritiker in erster Linie durch sein Vernichten wirkt, nicht durch sein Lob.

Nehmen wir den nicht ganz unbekannten Kritiker Reich-Ranicki (RR). Auf seiner HABEN-Seite hat er eher zweifelhafte Pluspunkte: die von ihm protegierte Lyrikerin Ulla Hahn, der dieser Erfolg so sehr geneidet wird, das es auch nicht mehr schön ist; oder der von ihm immer wieder hochgehaltene Koeppen, bei dem man fast schon geneigt ist, ihn als sein Geschöpf anzusehen (so wie Fichte ein Geschöpf von Raddatz wäre), und der es ihm auch nicht so recht danken mag. Kein Wunder: welcher Autor möchte schon zugeben wollen, daß er seinen Erfolg einem Kritiker verdankt? Und? Hat er das denn auch? Welchen Anteil am Erfolg eines Buches hat ein Kritiker überhaupt? Etwa beim ›Parfum‹? Wäre es nicht genausogut ohne RRs Unterstützung gegangen, auf die er sich ja einiges zugute hält? Tja, – was immer ein Kritiker auch Gutes tun mag, sein Beitrag zum Erfolg läßt sich nie so recht beweisen. Man mußt aber umgekehrt vermuten, daß ein Kritiker immer dann, wenn ein Autor es geschafft hat, sich an den Erfolg anhängen will, um seinerseits vom Ruhm des Autors zu profitieren. Auf der SOLL-Seite läßt sich dagegen leicht beweisen, wieviel Schaden ein RR angerichtet hat. Hier gibt es Zeugnisse: so etwa von Andersch, der RR über den Tod hinaus gehaßt hat und uns aus dem Nachlaß das Wort vom »heim-ins-reich-ranicki« mitgegeben hat, oder von Grass, der eine »Entheiratung« von seinen Kritikern gefordert hat, – ein verständlicher Wunsch, er möchte endlich mal von andern besprochen werden ... vergeblich, vergeblich; ein Kritiker hängt sich an einen Erfolgsautor wie ein Blutegel. Auch von Böll wissen wir, daß er sich eine »Entthronung« von RR gewünscht hat, und Handke schließlich hat RR in seinem Werk ›Die Lehre des St. Victiore‹ als widerlichen Hund porträtiert. Papst RR wird also sicher mit einer schweren Schlagseite auf der SOLL-Seite in die Ewigkeit segeln

Roman, S. 40ff.

auch Familienroman, Frauenroman, Gesellschaftsroman, historischer Roman, Kriminalroman ... Der ›Spiegel‹ etwa hat in einer Besprechung von John Irving geschrieben: schön und gut, aber es sei nun mal kein Roman. Tja dann. Und damit wird gleichzeitig wieder das Gerücht angeheizt, daß der wahre Roman noch irgendwie was anderes sein müßte – Wunder, O Wunder – vielleicht noch mehr dahinter steckt – was auch immer

Romantik, S. 49, 74, 84

Russen, S. 36

lieben die Literatur, wie sonst keiner, lesen sogar ihre Klassiker in der U-Bahn und haben eine Stadt nach einem ihrer geliebten Dichter benannt (welche?). Das kann man sich hier alles gar nicht so vorstellen. Auch nicht die Begeisterung für so Volkshelden wie Wyssotzkij

S

Sachbuch, S. 46, 60

Saint-Simonismus, S. 74

schon, S. 17

(das) schöne Buch, S. 43

Schönheit (siehe auch Ästhetik), S. 38, 44
  Schönheit gibt es also in der Literatur nicht (mehr). »Häßliche Kunst, schöne Waren« nach dieser Formel äußern sich nun auch die Herren aus der Werbung zu dem Thema: »Die Werbung hat heute die Funktion übernommen, die früher die Kunst hatte: die Vermittlung ästhetischer Inhalte (sic!) ins alltägliche Leben. Diese Funktion hat die moderne Kunst (und Literatur, F.K.) nicht mehr. Sie findet unter Ausschluß der Öffentlichkeit statt.« – Was sagen wir denn dazu?

schonungslos, S. ersatzweise auch: **gnadenlos, bedingungslos, erbarmugslos**, S. 80

Schmerzen, S. 83

schnell, schnellebig, S. 88

Schwaben, S. 58

schwer, auch schwermütig, schwerfällig, S. 86ff.

schwerer Brocken, S. 88

Seismograph, seismographisch, S. 80

Semikolon, S. 54

Sensibilität, S. 82

sicherlich, S. 17,29

Sieger, S. 53
  gehen in der Literatur immer leer aus. Anders bei Abba. Da heißt es: the winner takes it all

showing and telling, S. 11

Sonderfall, S. 65

Soziologie, S. 21

soziozentrische Sequenzen, S. 15

sprunghaft, S. 88

stockend, S. 88

stream-of-consciousness, S. 68

streng genommen, S. 41

Struktur(en), S. 74

Strukturalismus, siehe Intertextualität

Sprachgewalt, sprachgewaltig, S. 86

(das) sprachliche Kunstwerk, S. 71

Sprachlosigkeitspathos, S. 26

sprechende Namen, S. 51
  Döblin hat sich einfach aus dem Telefonbuch Namen gesucht, und Brecht ist um den Block spaziert und hat die Namen von den Klingelschildern abgelesen. Dennoch!

Als Hochstapler gehen wir davon aus, daß die Namen Schlüssel zum Verständnis sind und daß sie nicht etwa aus dem Leben gegriffen sind, sondern von der Besetzungsliste der Weltliteratur stammen

spröde, S. 89

Stil, S. 65
  Dazu läßt sich gar nichts sagen. In der Schule haben wir noch gelernt, daß man überflüssige Wiederholungen meiden soll, bei Thomas Bernhard sind die ewigen Wiederholungen gerade toll. Adjektive sollten sparsam eingesetzt werden, gleichwohl ist der üppige Gebrauch bei Henscheid gerade... ach, soll doch jeder, wie er will. Karin Struck möchte nicht schön schreiben, sondern wichtig. Der späte Böll schließlich hat gegen jeden Stil geschrieben – warum nicht gleich so? Stil ist Persönlichkeit. So einfach. Und das sagte schon... nein, nicht Goethe: Kurt Vonnegut. Der hat es aber wiederum von...?

Stilfiguren, S. 56

Studie, S. 27

suggestiv, **suggestive** Langeweile, S. 88

Superlativ, S. 83
  Wo immer ein überflüssiger Superlativ auftaucht (und das tut er oft, siehe »die erbarmungsloseste Autorin«), fällt mir diese gewisse Ecke in der Videothek ein, wo es Filme gibt, die mit »strengstem« (!!!) Jugendverbot belegt sind. Ein Jugendverbot hätte da wohl nicht gereicht, nicht mal ein strenges Jugendverbot, da muß schon das strengste her. Bei Zuwiderhandlung wird man wahrscheinlich von strengsten Dominas aufs strengste gezüchtigt

Surrealismus, siehe Groll

Symbol, siehe **Jargon**

T

Tagesaktualität, S. 70

Talent, S. 27

›Tatort‹, S. 43

tänzelnd, S. 88

›taz‹, Goetz

technisch – technisch gut, technisch sauber, technisch perfekt, S. 30

Tempo, temporeich, S. 88

Theorie, theoretischer Overkill, S. 72ff.

tiefgründig, oder hintergründig, unter der Oberfläche, S. 47

tiefenspychologisch, S. 74

›Titanic‹, das endgültige Satiremagazin, S. 54

›Titanic‹, der Luxusdampfer, siehe ›Der Untergang der Titanic‹

Tortur, S. 88

totsagen, S. 42

Tradition, Traditionslinie, S. 43

Traktat, siehe Alt

Transit-Verlag, siehe Goethe

Travestie, siehe **Jargon**

treffend, S. 29

U

Überblick, **erster** Überblick, S. 27

Überhöhung, siehe **Jargon**

Übertreibung, S. 22, 27

überwinden, S. 41

Urbestechlichkeit (müssen Kritiker wohl betonen), S. 80

und, und so weiter, S. 73f.

ungeheurer Erfolg, S. 29

unhistorisch, S. 43

unterlaufen, S. 41

V

vage, S. 53ff.

vehement, S. 28

Verfremdung, besser: Verfremdungs-Effekt(e), V-Effekt, siehe **Jargon**

Vergangenheitsform, S. 22, 71f.

vergeblich, S. 55 ff.

Vergleiche, S. 43, 51

sind immer mehr falsch als richtig. Daher ist die Ausdrucksweise auch so schön vage: da steht etwas in der Tradition, gehört zur Schule, knüpft an, greift auf, setzt fort ... Oder es heißt einfach **wie schon** − **so auch** (wie schon Joyce, so auch Koeppen), oder **seit** (seit Salinger hat niemand mehr ...) Schön sind auch immer Sätze mit **gleichsam**

Verleger, S. 18

verletzbar, S. 87

vermeiden, S. 47

Versepos, S. 42

vertraut tun, S. 66

verunsichern, S. 15

Ein Virtuose im Verunsichern ist übrigens Klaus Kinski: er antwortet nie auf Fragen, sondern guckt den Interviewer an, als hätte der etwas schrecklich Dummes gesagt, und läßt dabei jedes Wort auf der Zunge zergehen, als sei es eine Zumutung. Wird er etwa gefragt, ob er Pläne habe ..., unterbricht er gleich, und sagt etwa: »Pläne? Wieso denn Pläne? Ich weiß gar nicht, was sie damit meinen ... Ich habe doch keine Pläne ... « − Der arme Interviewer, nun schon leicht durcheinander, stotternd: »Ja, äh, ich meine, für die Zukunft, äh ... « − Kinski: »Zukunft? Was meinen Sie eigentlich mit Zukunft?« Na, und so weiter. Es ist ganz leicht. Da können wir uns getrost etwas abgucken

verweigern, S. 60, 65

(bewußt) verzichten auf, S. 41

Vielschreiber, siehe **minoritär**

Zu recht gefürchtet; da gibt es nämlich viel zu lesen. Große Vielschreiber sind u.a. Hedwig Courths-Maler, Karl May, George Simenon und Heinz G. Konsalik. Der wiederum hat mal von sich gesagt, daß er seine mehr als 200 Bücher nicht hätte schreiben können, wenn er für sich die 35-Stunde verwirklicht hätte. Ist es nicht immer wieder erstaunlich, wie sich die Gewerkschaft die besten Argumente durch die Lappen gehen läßt?

vielfältig, vielschichtig, S. 73

Virtuosität, S. 82

vordergründig, S. 47

voreilig, auch vorschnell, S. 88

Vorfeld, S. 27 auch Vorspiel, Vorübung

W

Weltschmerzling, S. 86

Werkimanenz, werkimanente Interpretation, S. 71

Werkstattgeheimnis, S. 63

Marie Luise Kaschnitz war etwa so eine, die meinte, daß es irgendwie »in ihr dichtete«, als wäre sie es gar nicht selbst, oder als würde sie von irgendwo Stimmen hören. Vielleicht hatte ihr Nachbar immer sein Radio zu laut aufgedreht, und sie hat davon immer nur Wortfetzen vernommen. Auch Poethen läßt gerne geheimnisvolle Wortoasen in sich auftauchen − da möchte man doch wissen, was er gerade gegessen hat

Von wem war das nochmal?

Buchtitel und Zitate im Überblick

Hier sind noch mal die erwähnten Titel (in einfachen Anführungsstrichen), und die Zitate (in doppelten Anführungsstrichen). Dazu gelegentlich kleine Kommentare.

A

›Aber ich lebe nur von den Zwischenräumen‹, Peter Handke im Gespräch mit Herbert Gamper, S. 53

›Abschaffung des Genies‹, von Egon Friedell, S. 34

›Abschied von den Eltern‹, von Peter Weiss, S. 33

›Die Abwesenheit‹, vonn Peter Handke, S. 35

›Alice im Wunderland‹, von Lewis Caroll, S. 63

›Als das Wünschen noch geholfen hat‹, von Peter Handke, S. 35

›Am anderen Ufer‹, von Hans Erich Nossack, S. 53

›Die Angst des Tormanns beim Elfmeter‹, von Peter Handke, S. 34

›Anrufung des großen Bären‹, von Ingeborg Bachmann, S. 55

›Ansichten eines Clowns‹, von Heinrich Böll, S. 36

›Die Artisten in der Zirkuskuppel, ratlos‹, Film von Alexander Kluge, S. 54

›Die atomare Drohung‹, von Günther Anders, siehe ›Endzeit und Zeitenende‹

›Auf der Suche nach der verlorenen Zeit‹, von Marcel Proust, S. 35
Bei solchen Monumenten (13 Bände! Der 4. ist besonders schön . . .) tut man gerne vertraut, wir sprechen also von der recherche, so als wüßten die andern dann schon, was wir meinen

›Aufzeichnungen aus einem Totenhaus‹, von Fjodor Dostojewski, S. 33

›Die Aufzeichnungen des Pudels Ali‹, von Wolfdietrich Schnurre, S. 36
Parodiert die Figur des Ästheten, ja, fast möchte man auch hier von einer Abrechnung mit dem reinen Ästheten sprechen

›Auroras Anlaß‹, von Erich Hackl, S. 44

›Aus dem Leben eines Taugenichts‹, von Joseph von Eichendorff, S. 36

B

›Die Ballade vom traurigen Café‹, von Carson McCullers, S. 35

›Die Befreiung des Prometheus‹, von Heiner Müller, siehe Prometheus

›Begegnung im Vorraum‹, von Hans Erich Nossack, S. 53

›Beim nächsten Mann wird alles anders‹, von Eva Heller, S. 53

›Berge des Wahnsinns‹, von H.P. Lovecraft, S. 35
Eigentlich trivialer Horror, gleichwohl im edlen Suhrkamp-Verlag erschienen. Eines seiner Themen ist das unheimlich NAMENLOSE, was immer das sein mag; es kommt einfach immer wieder was Namenloses bei ihm vor. Das hat mich irgendwie erinnert an das undefinierbare Etwas, das wir LITERATUR nennen

›Berlin Alexanderplatz‹ von Alfred Döblin, S. 41
Hierauf spielt auch der Romantitel ›Essen Viehoferplatz‹ von Jürgen Lodemann an

›Biedermann und die Brandstifter‹, von Max Frisch, S. 36

›Bittere Limonen‹, von Lawrence Durell, S. 34

›Die Blechtrommel‹, von Günter Grass, siehe ›Die Mitternachtskinder‹

›Botschaft aus Granada‹, von Ernst Sommer, S. 85

›Brief an Lord Liszt‹, von Martin Walser, S. 58

›Die Brüder Karamasoff‹ (auch Karamasow

geschrieben), von Fjodor Dostojewski, siehe ›Die Vollidioten‹

›Buch der Katastrophen‹, von H.H. Schmitz, S. 35

    Daneben gibt es noch das ›Buch der Desaster‹ von Kieseritzky und ›Katastrophengeschichten‹ von Highsmith

›Buch der Lieder‹, von Heinrich Heine, S. 62

›Buch des Blutes‹, von Clive Barker, S. 35

›Die Bürgschaft‹, von Thorsten Becker, S. 48

    erinnert natürlich an:

›Die Bürgschaft‹, Ballade von Friedrich Schiller

›Büroroman‹, von Walter E. Richartz, S. 35

C

›(The) Cantos‹, von Ezra Pound, S. 93

›Der Chinese des Schmerzes‹, von Peter Handke, S. 47

D

›Die Dämonen‹, von Fjodor Dostojewski, siehe auch ›Die Vollidioten‹

›Dantons Tod‹, von Georg Büchner, S. 33

›Das kennt man‹, von Hans Erich Wossack, S. 53

›Diderots Katze‹, von Michael Krüger, S. 49

›Doktor Faustus‹, von Thomas Mann, S. 84

›Drei traurige Tiger‹, von Guillermo Cabrera Infante, S. 35

›13 unerwünschte Reportagen‹, von Günter Wallraff, S. 34

›Das dritte Buch über Achim‹, von Uwe Johnson, S. 58

E

›Effi Briest‹, von Theodor Fontane, S. 68

›Eigentlich möchte Frau Blum den Milchmann kennenlernen‹, von Peter Bichsel, S. 54

›Die Einsamkeit der Haut‹, von Bodo Kirchhoff, S. 33

›Die Einsamkeit des Langstreckenläufers‹, von Alan Sillitoe, S. 34

›Das Ende der Berührbarkeit‹, von Jochen Schimmang, S. 33

›Das Ende des Flanierens‹, von Peter Handke, S. 33

    Hat nichts mit dem berühmten Flaneur Franz Hessel zu tun, der u.a. so bezaubernde Bücher geschrieben hat wie ›Der Kramladen des Glücks‹

›Ende einer Dienstfahrt‹, von Heinrich Böll, S. 33

›Ende einer Ehe‹, von Uve Schmidt, S. 33

›Ende einer Kindheit‹, von Richard Brautigan, S. 80

›Endstation Sehnsucht‹, von Tennessee Williams, S. 35

    Gibt es tatsächlich. Es ist die Endstation einer Straßenbahnlinie in New Orleans, die tatsächlich »Sehnsucht« heißt. Da kann man mal sehen, daß gerade die poetischen Titel der Wirklichkeit abgeguckt sind

›Endspiel‹, von Samuel Beckett, S. 33

    Ist das Stück, wo die Schauspieler in den Mülleimern sitzen

›Endzeit und Zeitenende‹, von Günther Anders, S. 33

    Neu erschienen unter dem Titel ›Die atomare Drohung‹

›Die Entdeckung der Langsamkeit‹, von Sten Nadolny, S. 44, 46ff.

    Inzwischen hat man noch etwas entdeckt: eine Obduktion der gut erhaltenen Leichen, die man im Ewigen Eis gefunden hat, legt nahe, daß sie an einer Bleivergiftung gestorben sind — die Konserven waren schuld! Und sie haben es zu spät bemerkt. Ein ganz neuer Aspekt! Wäre das nicht Stoff für einen Öko-Thriller? Vorschlag für einen Titel: ›Der Tod aus der Dose‹

›Entweder oder‹, von Sören Kierkegaard, S. 55

    Verrät noch im Titel stark den Einfluß von Hegel, gleichwohl gilt Kierkegaard als ein früher Begründer des Existenzialismus, da bei ihm schon der Begriff vom existierenden Menschen auftaucht

›Erledigt in Paris und London‹, von George Orwell, S. 35

    »Erledigt« heißt hier soviel wie rattenfertig, »down and out« im Original

›Ein erledigter Mensch‹, von Giovanni Papini, S. 36

›Die Wahlverwandtschaften‹, von Johann Wolfgang Goethe, S. 60

›Eugénie Grandet‹, von Honoré de Balzac, S. 67

›Eva Luna‹, von Isabel Allende

F

›Der Fall d'Arthez‹, von Hans Erich Nossack, S. 49
Beruht natürlich auf einer Figur von Balzac, aus den ›Verlorenen Illusionen‹

›Falsche Bewegung‹, von Peter Handke, S. 36, 50

›Die Fälschung‹, von Nicolas Born, S. 36

»Farbenlehre«, von Johann W. Goethe, S. 63
Als Genie hat er auch solche Sachen geschrieben, klar. Er hat ja auch den Mittelkieferknochen erfunden – oder gefunden

›Fegefeuer der Eitelkeiten‹, von Tom Wolfe, S. 34

›Fest für Boris‹ von Thomas Bernhard, S. 39

›Finale‹, von Karin Struck, S. 34

›Flauberts Papagei‹, von Julian Barnes, S. 49

›Ein fliehendes Pferd‹, von Martin Walser, S. 33, 52, siehe auch Novelle

›Die Frau, die davonritt‹, von D.H. Lawrence, S. 33

›Frieden ist möglich‹, von Franz Alt

›Frost‹, von Thomas Bernhard, S. 34

›Früher begann der Tag mit einer Schußwunde‹, Wolf Wondratschek, S. 35
Ja, früher, in den Sechzigern, da wählte man gerne Titel, die wie ein Zitat aus der Populärkultur klangen, ja, da zitierten die Dichter noch die Rolling Stones und nicht immer nur die Hochliteratur

G

›Ganz unten‹, von Günter Wallraff, S. 39

›Der gefesselte Prometheus‹, S. 49 siehe auch Prometheus
Neuübersetzung nach Aischylos von Peter Handke

›Geh nicht nach El Kuhwehd‹, Hörspiel, von Günther Eich, S. 35

›Das Geisterhaus‹, von Isabel Allende

›Die Geschichte des Bleistifts‹, von Peter Handke, S. 58

›Geschichten zur falschen Zeit‹, von Peter Bichsel, S. 36

›Gesellschaftsausweis. SocialScienceFiction‹, von Alfred Behrens, S. 90

›Gespräch eines Betrunkenen‹, von Anton Čechov, S. 36

»Gespräch über Zwischenräume« heißt genau: ›Aber ich lebe nur von den Zwischenräumen‹, S. 53

›Der gestohlene Himmel‹, von Claire Goll, S. 33

›Die gestohlene Melodie‹, von Hans Erich Nossack, S. 53

›Die gestohlene Schöpfung‹, von Urs Widmer, S. 33

›Gestürzter Engel‹, von Per Olov Enquist, S. 34
Hier haben wir mal ein Beispiel, **sowas** ist Literatur. Ich zitiere ausführlich und fast schon genüßlich den Klappentext: »Drei Liebesgeschichten, kunstvoll ineinander verfügt: Der Fall eines verunstalteten Menschen, der in den zwanziger Jahren für Aufsehen sorgte, weil ihm ein Frauengesicht auf der Stirn wuchs; Brecht und seine verstoßene Geliebte; die grausige Geschichte eines Mordes, der auf paradoxe Weise die Hinterbliebenen, die schon getrennt waren, aneinanderkettet. Drei symbolische Fälle, drei außerordentliche Krankheitsgeschichten der Liebe: Der doppelgesichtige Mensch, der gezwungen ist, sich selbst als Gegenüber zu sehen; der Dichter, der diejenige, auf die er angewiesen ist, auf unerhörte Weise zurückweist; der Fall des jugendlichen Mörders, der einem Arztehepaar, dem er sein Leben verdankt, das Kind nimmt. Der Ich-Erzähler braucht die extremen Situationen, um die Idee der Liebe, die sich im normalen Leben unter Konventionen und Alltäglichkeiten verflüchtigt hat, wieder aufzuspüren – ein Prozeß, wie er eindringlicher, subtiler und kompromißloser in der neueren Literatur selten zu finden ist.«
Fehlt nur noch eine kleine Bemerkung: langweilig ist das Buch auch noch

›Das Gewicht der Welt‹, von Peter Handke, S. 80, siehe auch Einzelbeobachtungen
Könnte sich übrigens im Titel auf Simenon beziehen, der mal vom »Gewicht der Dinge« gesprochen hat

›Das Gottesprogramm‹, von John Updike, S. 67

›Groß und klein‹, von Botho Strauß, S. 55

›Der große Gatsby‹, von F. Scott Fitzgerald, S. 82

›Der grüne Heinrich‹, von Gottfried Keller, S. 52
Gibt es in zwei Versionen: in der Ich-Form und der Er-Form. Peter Handke hat sicher die Ich-Version gelesen

›Kondom des Grauens‹, Verfasser fällt mir gerade nicht ein, gibt es aber. **Ich** habe das nicht ausgedacht, S. 35

›Kontrolliert‹, von Reinhald Goetz

›Kopfgeburten. Oder: Die Deutschen sterben aus‹, von Günter Grass, S. 56

›Krieg und Frieden‹ von Lew Tolstoj, S. 55

›Das Kunstwerk im Zeitalter seiner technischen Reproduzierbarkeit‹, von Walter Benjamin

›Der kurze Brief zum langen Abschied‹, von Peter Handke, S. 33, 52

Mit einem Titel, der wohl ein bißchen nach Chandler klingen soll. Ein Entwicklungsroman! Handke hat ihn geschrieben kurz nachdem er verlauten ließ, daß er keine Romane mehr ertragen könne

L

›Die Lehre von Saint-Victoire‹, von Peter Handke, siehe Rolle

›Lenz‹, von Georg Büchner, S. 48 oder aber

›Lenz‹, von Peter Schneider

›Die letzte Welt‹, von Christoph Ransmayr, S. 33

Literarische Sensation des Jahres 1988, dabei hat der gefeierte »Neuerer« lediglich die Sprache Gustav Freytags wiederentdeckt. Ein literarisches Thema könnte der Übergang der Geschichte in Naturgeschichte (Adorno) sein, ein Rückschritt also. Dazu paßte dann auch die Gestaltung des Buches, die wieder auf eine Großväter-Ästhetik zurückgreift. Rückschritte allenthalben . . . Volker Hage nannte es erst »ein großes Buch«, wenig später schrieb er: »Das kommte ja nicht gut gehen« – eine gute Formulierung übrigens. Die werden wir auch mal verwenden. Damit ist gesagt, daß wieder mal was nicht gut gegangen ist, – und wir haben es natürlich schon immer gewußt.

›Die letzten Tage der Menschheit‹, von Karl Kraus, S. 33

›Die Liebe in den Zeiten der Cholera‹, von Gabriel García Márquez, S. 55

Achtung! Im Autorenverzeichnis, und nach Möglichkeit auch zuhause im Regal, steht dieser Autor unter G, G wie García Márquez, nicht etwa unter M

›Liebe und Schatten‹, von Isabel Allende, S. 55

›Lieblose Legenden‹, von Wolfgang Hildesheimer, S. 55

›Liebe ist möglich‹, von Franz Alt

Kann so ein Titel überhaupt was anderes sein als der reine Kitsch?

›Lust‹, von Elfriede Jelinek, S. 39

›Lyrik wozu?‹, von Hilde Domin, S. 57

M

›Mann in der Schwebe‹, von Saul Bellow, S. 54

›Der Mann ohne Eigenschaften‹, von Robert Musil, S. 35

›Die Mauer schwankt‹, von Wolfgang Koeppen, S. 54

›Medusa‹, von Stefan Schütz, S. 49, 83

›Mein Name sei Gantenbein‹, von Max Frisch, S. 54

›Memoiren eines mittelmäßigen Schülers‹, von Alexander Spoerl, S. 36

von Heinrich Spoerl dagegen: ›Die Feuerzangenbowle‹

»Metamorphosen« von Ovid

›Mit meinem Mörder Zeit bin ich allein‹, von Jutta Heinrich, S. 33

unter Verwendung eines Zitates von Ingeborg Bachmann

›Mitteilungen an Max‹, von Wolfgang Hildesheimer, S. 58

›Die Mitternachtskinder‹, von Salmon Rushdie

Ein Pendant zu Gabriel García Márquez‹ ›Hundert Jahre Einsamkeit‹ und zur ›Blechtrommel‹ von Günter Grass (woran den es in der Tat erinnert)

›Moby Dick‹, von Herman Melville, S. 27

›Momo‹, von Michael Ende, siehe ›die unendliche Geschichte‹

›Mutmaßungen über Jakob‹, von Uwe Johnson, S. 54

›Die Mutter‹, von Maxim Gorki, S. 49 und

›Die Mutter‹, von Karin Struck, S. 49f.

N

›Nachdenken über Christa T.‹, von Christa Wolf, S. 54

›Nachgetragene Liebe‹, von Peter Härtling, S. 35

»Nachrichtenwelt«, S. 23
Dieses Zitat von Peter Handke stammt aus einem Interview aus der ›Zeit‹. Nun frage ich mich allerdings, ob dieses Blatt auch zur verderblichen Nachrichtenwelt gehört, und ob ich sowas vielleict besser gar nicht gelesen hätte . . .
›Nackt unter Wölfen‹, von Bruno Apitz, S. 34
›Der Name der Rose‹, von Umberto Eco, siehe pädagogische Absicht
»Des nackten Wahnsinns fette Beute«, typisch Friedrich Schiller sowas, typisch!, S. 35
›Die Nase‹, von Thorsten Becker, S. 48
und natürlich
›Die Nase‹ von Nikolai Gogol
›Die Nebel von Avalon‹, von Marion Zimmer Bradley, siehe »König-Artus-Geschichte«
»negative Protzerei«, S. 39
– wie jemand anders mal in einem anderen Zusammenhang gesagt hat. Dieser jemand anders war Günther Anders, und unter negativer Protzerei versteht er, daß die Maschinen so klein und niedlich ausehen, daß man ihnen ihr Zerstörungspotential nicht mehr ansieht
›Netzkarte‹, von Sten Nadolny
›Die neue Unübersichtlichkeit‹, von Jürgen Habermas, S. 73

O
›Onkel Toms Hütte‹ von Harriet Becher Stove, S. 27

P
›Paradies der falschen Vögel‹, von Wolfgang Hildesheimer, S. 36
›Das Parfum‹ von Patrick Süskind, S. 44, siehe auch Rolle
›Die Pest‹, von Albert Camus, S. 34

R
›Das Reich der Verderbnis‹, von Anthony Burgess, S. 35
›Rinaldo Rinaldini‹, von Christian August Vulpius, S. 60
Bruder von Christiane, Goethes Ehefrau, – ausgerechnet
›Der Ritter den es nicht gab‹, von Italo Calvino, S. 35
Immerhin das Buch gibt es

S
›Satanische Verse‹, von Samon Rushdie, S. 37
Haben wir schon glesen, lange eh der Mordaufruf kam. Wir hatten es auch schon geahnt. Schon in seinen ›Mitternachtskindern‹ war ja alles angelegt
›Scherz, Satire, Ironie und tiefere Bedeutung‹, von Christian Dietrich Grabbe, siehe **Jargon**
»Schöne Helden«, S. 39
»Mir wird oft vorgeworfen, daß ich über Bagatellen schreibe: daß es bei mir keine großen Helden gibt . . . Wo soll ich sie aber hernehmen? Ich wäre ja gern bereit! . . . Solange wir jung sind, zwitschen wir munter wie die Spatzen auf dem Misthaufen; später, wenn wir uns den Vierzigern nähern, sind wir schon Greise und fangen an, an den Tod zu denken. Schöne Helden sind wir!« (Anton Čechov)
›Schöne Verlierer‹, von Leonard Cohen, S. 57
›Schönheit der Verwilderung‹, von Henning Boëtius, S. 50
Über den Barockdichter Johann Christian Günther, der streng genommen kein Barockdichter mehr ist
›Der schönste Busen der Welt‹, von Roland Topor, S. 38
Ohne Fotos!
›Die Schrecken des Eises und der Finsternis‹, von Christoph Ransmayr, S. 34
zeigt nicht zuletzt seine Begeisterung für ›Die Entdeckung der Langsamkeit‹
›Der Schuß auf die Kanzel‹, von Hermann Burger, S. 48
›Seelenarbeit‹, von Martin Walser, siehe Novelle
›So oder anders‹, von Peter Cameron, S. 55
›So zärtlich war Sulyeken‹, von Siegfried Lenz, S. 33
›Spätestens im November‹, von Hans Erich Nossack, S. 53
›Spielende‹, von Ulla Hahn, S. 56
›Der Spieler‹, von Fjodor Dostojewski, S. 36
›Der Steppenwolf‹, von Hermann Hesse, S. 27
Thomas Mann hat es als Werk bezeichnet, »das an experimenteller Gewagtheit dem ›Ulysses‹ nicht nachsteht«! Mit solchen Zitaten – immerhin von Thomas Mann – kann man Joyce-Fans ärgern, für die sowas wie der ›Steppenwolf‹ natürlich der pure Kitsch ist

›Sterbetage‹, von Hans Werner Kettenbach, S. 33

›Die Stunde der wahren Empfindung‹, von Peter Handke, S. 48

›Sturmhöhen‹ (Wuthering Heights), von Emily Brontë, S. 84

›Die Sünden der Faulheit‹, von Ulrich Pelzer, S. 51

T

›Tagebuch eines überflüssigen Menschen‹, von Iwan Turgenjew, S. 36

›Tauchfahrt des Schreckens‹, von wem auch immer, S. 35
Ist tatsächlich der Titel eines Filmes, den ich, ungesehen für ein B-movie halte

›Die Tigerin‹, von Walter Serner

›Traum eines lächerlichen Menschen‹, von Fjodor Dostojewski, S. 36

›Traurig bin ich sowieso‹, von Bettina Wegner, S. 35

›Traurige Tropen‹, von Claude Lévi-Strauss, S. 35

›Tränen sind immer das Ende‹, von Akif Pirinçci, S. 34
Wurde mal als männliches Gegenstück zu ›Der Tod des Märchenprinzen‹ angesehen. Ist allerdings ernst gemeint. Es ist nicht die Satire ›Ich war der Märchenprinz‹ von Arne Piewitz. Der Titel ist auch ein Zitat... ich komme aber gerade nicht drauf von wem

»Der Tod, das muß ein Wiener sein«, S. 33
Ist, glaube ich, von Georg Kreisler, aber ich weiß nicht... Es könnte genausogut von einem anderen Wiener sein

›Der Tod des Handlungsreisenden‹, von Arthur Miller, S. 33
(nicht verwechseln mit Henry)

›Der Tod des Märchenprinzen‹, von Svende Merian, S. 33
siehe auch ›Tränen sind immer das Ende‹

›Der Tod des Vergil‹, von Hermann Broch, S. 33

›Tod den Ärzten‹, von Walter E. Richartz, S. 33

›Todesarten‹, von Ingeborg Bachmann, S. 33

›Tod in Venedig‹, von Thomas Mann, S. 33

›Tod in Rom‹, von Wolfgang Koeppen, S. 33

›Todesfuge‹, von Paul Celan, S. 33
Berühmt! Hier kommt die »scharze Milch der Frühe« drin vor. Soll ja geklaut sein von Ivan Goll

›Die Toten‹, von James Joyce, S. 33

›Die toten Seelen‹, von Nikolai Gogol, S. 33

›Trotzki, Goethe un das Glück‹, von Jörg Fauser, S. 48

U

»über allen Gipfeln«, Goethe irgendwie, S. 28, 84

›Ulysses‹, von James Joyce, S. 41, 68

›Ein unbedeutender Mensch‹, von Anton Čechov, S. 36

›Dem unbekannten Sieger‹, von Hans Erich Nossack, S. 53

›Und sagte kein einziges Wort‹, von Heinrich Böll, S. 35

›Ein Unding der Liebe‹, von Ludwig Fels, S. 35

›Die unendliche Geschichte‹, von Michael Ende, S. 34
Guter Titel, immerhin! Wenn der Autor schon Ende heißt. Viel Fantasie hat er sonst nämlich nicht, wenn seine Bücher gleichwohl ein Plädoayer für Fantasie (aber mehr so im allgemeinen) sind. So nennt er z.B. ein Fantasieland einfach »Fantasia«, – da muß man erst mal drauf kommen. Und dann gibt es »kleine graue Männchen«, von der Zeit gehetzt, die ein barfüßiges Mädchen... naja, so ist das jedenfalls in ›Momo‹. Die Geschichte endet immerhin

›Die unerträgliche Leichtigkeit des Seins‹, von Milan Kundera, S. 35, 46, 80

›Unmögliche Beweisaufnahme‹, von Hans Erich Nossack, S. 53

›Die unsichtbaren Städte‹, von Italo Calvino, S. 35

›Unter Null‹, von B.E. Ellis, S. 40
Beschreibt den Zustand der Popper-Jugend an der Westküste und macht etwa da weiter, wo schon ›Wir Kinder vom Bahnhof Zoo‹ problematisch war

›Der Untergang der Titanic‹, von H.M. Enzensberger, S. 33
Übrigens, als die Titanic unterging, war u.a. auch ein Schriftsteller an Bord, den man wohl als Erfolgsschriftsteller für damalige Zeiten ansehen kann, nämlich Jaques Futrelle, der Kriminalgeschichten von der »Denkmaschine« schrieb

›Der Untergang des Hauses Usher‹, von E.A. Poe, S. 33

V

W

greifen und dabei gleichzeitig neu verwenden

»Würgeengel der Melancholie«, von André
Heller, S. 35

typisch Wien sowas, typisch. Und typisch
Genetiv-Methaphorik

Z

›Der Zauber deiner Nähe‹, von Faye Wildman (?), Super-Roman (!) aus der Reihe
LOVE AFFAIR, S. 38

ist tatsächlich so ein »Groschenroman«.
Hier gelten noch eherne Gesetze: die Blon-
den sind gut, die Dunkelhaarigen schlecht.
Da werden hemmungslos Voruteile bestätigt – wie in Fernsehserien. Interessant in
diesem Zusammenhang, was Patricia
Highsmith über das Zustandekommen
ihres Personals sagt: sie sucht sich jeweils
Personen aus ihrem Bekanntenkreis,
mischt sie dann allerdings, und gibt dem
Charakter einer Person das Äußere einer
anderen. Ein interessanter Hinweis, daß
offenbar doch keine Relation zwischen
Charakter und Aussehen besteht

›Der Zauberberg‹, von Thomas Mann, S. 68,
siehe auch Härtling

Autoren

und andere Namen, von Politikern z.B., die im Text oder den Anmerkungen vorgekommen sind. Literarische Figuren erscheinen in Anführungsstrichen. Wenn sie nicht im Text, sondern nur in der Liste der Buchtitel und Zitate auftauchen, ist der Buchstabe des Alphabets angegeben. Da kann man dann suchen

A

Achternbusch, Herbert, S. 86

Adorno, Theodor Wiesengrund, S. 55, 92
ist so schwer, daß er sich selbst nicht versteht. Er gilt als links und hat beispielsweise einen Dichter wie Eichendorff (der ja eher reaktionär war) durch seine Interpretation auf die Seite des Fortschritts gezogen. Adornos Nachfolger allerdings schlagen in seinem Namen auf alles ein, was fortschrittlich sein will; denn der **Ideologieverdacht** geht stets gegen die linke Literatur. Ein Autor, der gleichzeitig in einer linken Partei wäre und zugleich literarisch anspruchsvolle Sachen schriebe, – das kann kein deutscher Autor sein

Aischylos, G

Allen, Woody, S. 82

Allende, Isabel, L
Privat mögen wir ja das ›Geisterhaus‹ gemocht haben, als Hochstapler hatten wir da schon geahnt, daß alles nur der pure Kitsch ist. So sind wir nun bei ›Eva Luna‹ nicht überrascht (wie wir überhaupt fast nie überrascht sind)

Allert-Dingenskirchen, S. 59, 91
Gemeint ist Christine Allert-Wybranitz, die natürlich – wg. großer Popularität – nicht als Literatur angesehen werden kann, da brauchen wir uns die richtige Aussprache gar nicht erst zu merken. Üben wir lieber schon mal an Andrzej Szczypiorski (sprich Schtschipiorski) und Jorge Ibargüengoitia

Alt, Franz, siehe Moral
hat mit seinen Traktaten ›Liebe ist möglich‹ und ›Frieden ist möglich‹ dermaßen hohe Auflagen erzielt, daß man sich schon fragen muß: wie war das möglich?

Anders Günther, heißt eigentlich anders, nämlich Günther Stern, D, E, siehe auch negative Protzerei

Andersch, Alfred, S. 64, siehe auch »heimins-reich-ranicki«

Aphrodite, S. 75

Apitz, Bruno, N

Artmann, Hans Carl, S. 60
H.C. Artmann, den man auch John Adderley Bancroft alias Lord Lister alias David Blennerhast alias Mortimer Grizzleywood de Vere & c. & c. nennt

Austen, Jane, siehe Shakespeare

B

Bachmann, Ingeborg, S.33, siehe auch Mit meinem Mörder Zeit bin ich allein‹

Balzac, Honoré de, S. 67

Barker, Clive, D

Barnes, Julian, F

Barthes, Roland, siehe Intertextualität

Becher-Stove, Harriet, O

Becker, Jurek, S. 85

Becker, Thorsten, S. 48, 51

Beckett, Samuel, E

Behrens, Alfred, G

Bellow, Saul, D

Benjamin, Walter, S. 79

Ihm verdanken wir den Begriff der Aura (wir reden allerdings vorzugsweise vom auratischen Kunstwerk, da weiß dann der andere nicht sofort, wovon wir überhaupt reden). Erfreulich auch, daß Benjamin in seinem Buch mit dem schönen Titel ›Das Kunstwerk im Zeitalter seiner technischen Reproduzierbarkeit‹ den Eindruck hinterläßt, er sei eigentlich gegen die Aura, während er in seinen sonstigen Schriften eher für Aura zu sein scheint. Sowas gefällt uns natürlich

Benn, Gottfried, S. 24, 49, 64, 83, 93

sagte mal, daß sein Gedicht ein Messer ist, doch wird er dafür genausowenig einen Waffenschein gebraucht haben wie Donovan für seine Gitarre mit dem Aufkleber: this guitar kills. Ob das wohl in beiden Fällen etwas übertrieben war? Nur so als Frage. Einen Lyriker wird man ja noch fragen dürfen, ob seine Bildsprache wirklich hieb- und stichfest ist, und ob er sich mit seinen Gedichten einen Scheibe von der Salami abschneiden kann (man muß ja nicht gleich jemanden erstechen). Benn war das auch mit dem »exorbitant«: ein Gedicht sei exorbitant, oder gar nicht

Bernhard, Thomas, S. 37, 39, 43, 52

unser »düsterster Sänger«, wie RR sagte; jedes seiner Bücher voll »höchster Suggestivität«, Ekel, Haß und Monotonie war für RR eine »Tortur«, eine Tortur, auf die er gleichwohl nicht verzichten wollte. Das mag ja alles ganz literarisch sein, doch mit Masochismus hat das noch lange nichts zu tun

Beyse, Klaus, siehe literarisches Thema

Bichsel, Peter, E, G

Bierce, Ambrose, S. 14, 29

Biermann, Wolf, S. 21, 39, 81

»Bloch«, Tormann, der beim Elfmeter Angst hat, S. 51

Bloch, Ernst, siehe Philosoph

hat durchaus was übrig für die Populärkultur und etwa auch für Karl May. Für Bloch ist May ein Träumer und damit Träger einer Utopie. May wird erst da schlecht, wo er aufhört zu träumen und anspruchsvoll werden möchte (und Wollschläger ihn gut findet)

Boëtius, Henning, S

Böll, Heinrich, S. 25

wurde gelegentlich »schlichte Positivität« vorgeworfen, – na bitte, da haben wir es wieder

Borges, Jorge Luis, S. 93

Born, Nicolas, F

Bourdieu, Pierre, S. 90

Brautigan, Richard, E

Brecht, Bertolt, S. 56, 64, 68, 72, 83, 85

Nicht etwa Bert! Das verrät den Studenten, der nur den jungen Brecht kennt

Brinkmann, Rolf Dieter, K

Broch, Hermann, T

Brontë, Emily, S

Browning, Robert, S. 60

Büchner, Georg, S. 11, 48

Bukowski, Charles, S. 67

Burgess, Anthony, R

Burger, Hermann, S. 43, 48

Byron Lord, S. 68, 85

C

Cabrera Infante, Guillermo, D

Calvino, Italo, R

Cameron, Peter, S

Camus, Albert, P

Capote, Truman: ›Ich bin schwul, ich bin süchtig, ich bin ein Genie‹, S. 64

Caroll, Lewis, S. 63

Carter, Jimmy, S. 28

Čechov, Anton, S. 39, 63, 82

ist nun wirklich der Größte. Dazu René Schickele: »Er wurde in den letzten Jahren sehr überschätzt. Als russischer Novellist weltbekannt, hat es ihm nicht geschadet, daß er fast nichts anderes tat, als die Novellen Maupassants noch einmal zu schreiben. Trotzdem trennt ihn von seinem Meister, den er nirgends auch nur entfernt erreicht, ein weiter Abstand.«

Celan, Paul, T

Chandler, Raymond, S. 63

Churchill, Winston, siehe Politik

Cohen, Leonard, S

Conrad, Joseph, S. 49

»Cotton, Jerry«, siehe Populärkultur

wird von etwa neun verschiedenen Autoren seit etwa 1950 geschrieben, einer der Hintermänner, zugleich einer der Erfinder hat allein etwa 200 solcher Texte geschreiben

Courths-Maler, Hedwig, siehe **Vielschreiber**

hat nicht nur viel geschrieben, sondern

auch viel geweint, nämlich bei Abschluß jedes ihrer (ca. 200) Romane

D
Danella, Utta, siehe Populärkultur
. hat es mal wieder deutlich gesagt: »Die meisten Menschen sind einfach blöd.« Auch der ein oder andere von ihren Lesern wird einfach nur blöd sein; da sie etwa 50 Millionen hat, sind vielleicht sogar recht viele davon blöd, sehr viele, sehr sehr sehr viele
Degenhardt, Franz Josef, S. 53
Delius, Friedrich Christian, H
Derrida, Jaques, siehe Intertextualität
Dickens, Charles, S. 27
Diderot, Denis, S. 49
Döblin, Alfred, siehe sprechende Namen
Domin, Hilde, L
Dostojewski, Fjodor, A, B, D, I, S, T
Dos Passos, John, S. 41
Durell, Lawrence, B

E
Eckermann, S. 65
    Einfach Eckermann, ohne Vornamen. Wie ein Markenartikel: Eckermann!
Eco, Umberto, siehe Professor
Eich, Günther, S. 63
Eichendorff, Freiherr Joseph von, A
Eilert, Bernd, H
Eisler, Hanns, S. 52
Eissler, Dr. med. Dr. phil. K.R., S. 26
Ellis, Bret Easton, U
Ende, Michael, U, M
Engels, Friedrich, siehe MEW
Enquist, Per Olov, G
Enzensberger, Christian, W
Enzensberger, Hans Magnus, S. 42, 59, 90
»Eugénie«, aus ›Eugénie Grandet‹

F
F, Christiane, S. 54, siehe auch ›Unter Null‹
Fallaci, Oriana, S. 21
Fallada, Hans, K
Fallersleben, Hoffmann von, S. 57
    Hoffmann v. Fallersleben war nicht gerade der beste Dichter seiner Periode, wie hier in aller Vorsicht angedeutet werden soll. Sein ›Lied an die Deutschen‹ ist ein abschreckendes Beispiel, wie gutgemeinte Lyrik mißbraucht werden kann. Eigentlich

müßte uns das als Literaturfreund empören, aber wenn einer schon Hymnen schreibt, ist er irgendwie auch selber schuld. Außerdem wird kein Hochstapler die Stimme erheben für einen Dichter, der nun wirklich nicht zur ersten Garnitur zählt. Wir nehmen es aber als Mahnung und lassen die Finger von der Politik. Wir haben es schließlich schon immer gesagt. Robert Prutz allerdings hat bemerkt, daß auch die Position der reine Ästhetik in Wirklichkeit keine neutrale Position ist, also gar nicht über den »Zinnen der Partei« steht, sondern fest auf dem Boden der jeweils herrschenden Grundordnung, kurz, daß die »reine Ästhetik« eher eine Ausrede der Konservativen ist. Aber Prutz kennen wir nicht. Als Hochstapler stehen wir jederzeit voll auf dem Boden der reine Ästhetik

Fauser, Jörg, S. 48
Fels, Ludwig, U
Feuchtwanger, Lion, S. 21
Fichte, Hubert, siehe Rolle
Fittko, Lisa, siehe Härtling
Fitzgerald, Scott F., S. 62, 67
Flaubert, Gustave, S. 14
Fontane, Theodor, S. 20
Forester, Cecil Scott, siehe »Horatio Hornblower«
Foucault, Michel, siehe Intertextualität
Franklin Lord, S. 46
Frei, Frederike, S. 59
Freud, Sigmund, S. 37, 92
Freud, Sophie, S. 37
Freytag, Gustav, siehe Ransmayr
Fried, Erich, S. 59
Friedell, Egon, D
Frisch, Max, S. 54
Futrelle, Jaques, siehe ›Der Untergang der Titanic‹

G
Gamper, Herbert, siehe ›Aber ich lebe nur von den Zwischenräumen‹
García Márquez, Gabriel, siehe ›Die Mitternachtskinder‹
Geibel, Emanuel, S. 60
Geissler, Christian, S. 50
George, Stefan, der George-Kreis, S. 78
Gernhardt, Robert, S. 85, siehe auch ›Die Vollidioten‹

Goethe, Johann Wolfgang von, S. 26, 48–51, 56, 60–64, 68, 73f., 77
ist schlichtweg unverzichtbar! Hier fragt es sich nur noch: welche Ausgabe? Die geplante Hanser-Ausgabe würde etwa 1650,- DM kosten, die des Suhrkamp-Verlages schlappe 4500,- DM. Da möchte ich nur noch auf die Ausgabe des Transit-Verlages hinweisen mit ihrem Angebot: Goethe als Sitzkissen, die sogenannte bequeme Ausgabe, besonders geeignet für Wartezimmer von Zahnärzten. Zitat aus dem Prospekt: »Jedes, aber auch jedes Werk Goethes, ob Roman, Gedicht, Drama, Brief, Edikt, Tagebuch, Notiz, Abhandlung oder Ergebenheitsadresse wird einzeln gedruckt, mit Angabe des Entstehungsdatums, Auflistung aller späteren Korrekturen und vor allem des Entstehungsortes (nach Postleitzahlen geordnet). Diese losen Blätter bzw. Bögen werden zusammen in einem einzigen flexiblem Ledereinband (Büffelleder) abgegeben, der allen denkbaren Strapazen standhält. Ein unauffällig angebrachter Reißverschluß ermöglicht jederzeit bequemen Zugang zu dem Gesamtwerk, das der Käufer ganz nach Belieben mischen, verdünnen oder gar mit Werken anderer Autoren individuell auffüllen kann.«

Goetz, Reinhald, S. 37
gegenwärtig grellster Wichtigtuer; er »trägt RAF«, wie die ›taz‹ findet. Willi Winkler weiß es besser: der Roman ›Kontrolliert‹ hat in Wirklichkeit, unter der Oberfläche, noch ein literarisches Thema: die deutsche Romantik nämlich ... ach so

Gogol, Nikolai, ›Die Nase‹, S. 48

Goldt, Max, siehe Heller

Goll, Claire: ›Ich verzeihe keinem‹, S. 64
Ihre Memoiren mit dem verheißungsvollen, gleichwohl nicht so recht autorisierten Titel ›Ich verzeihe keinem‹ enthalten ein Personenverzeichnis, das sich mit dem dieses Buches durchaus messen kann (vielleicht hat es seinesgleichen gesucht und gefunden?) Sie hat obendrein all die erwähnten Größen persönlich gekannt, so viele, daß man schon seufzen möchte: die hat ja **jeden** gekannt. So ein Buch erspart einem ca. vier Semester Expressionismus, Surrealismus, Dadaismus und Exillitera-

tur. Außerdem merkt man, daß selbst Rilke und Joyce auch nur Menschen waren. So ein Buch nur heimlich lesen!

Goll, Ivan, Iwan, oder auch Yvan, siehe ›Die Todesfuge‹

Gorki, Maxim, S. 49, siehe auch Russen (ach so, der ...)

Grabbe, Christian Dietrich, S. 66

Grass, Günter, B, siehe auch ›Die Mitternachtskinder‹

Green, Hannah, I

Greene, Graham, S. 25

Grillpartaer, Franz, S. 35

Gross, Werner, siehe Härtling

Günther, Johann Christian, siehe ›Schönheit der Verwilderung‹
der »deutsche Ovid«. Treffen wir einen Alleswisser, der Günther nicht kennt, sagen wir: »Was? Sie kennen Günther nicht?! Den deutschen Ovid!« Treffen wir dagegen einen Experten sagen wir: »Nun, ja Günther wird gemeinhin der deutsche Ovid genannt ... eigentlich kann man das so nicht sagen.«

H

Hackl, Erich, A

Habermas, Jürgen, S. 73

Haefs, Gisbert, H
sprich Haafs mit langem a, das e ist ein Verlängerungs-e

Hage, Volker, siehe Ransmayr

Hahn, Ulla, S. 56, 59, 91

Härtling, Peter, N
Der ›Wanderer‹ ist sein jüngster Rekordversuch, literaturhaltige Literatur zu schreiben. Martin Lüdke findet darin Spurenelemente von Walter Benjamin (und Lisa Fittko), Werner Gross, Friedrich Hölderlin, Werner Kraft, Eduard Mörike, Wilhelm Müller, Fritz Ruoff, Franz Schubert, Andrej Tarkowskij. Restbestände aus dem ›Zauberberg‹ sind ebenfalls nachzuweisen, so wie längere Seume-, Goethe- und Nietzsche-Zitate. Und das ist noch nicht alles ... fleißig, fleißig

Hamsun, Knut, S. 93

Handke, Peter, S. 23, 41, 47, 49

Hauptmann, Gerhard, S. 62

Hauser, Arnold: ›Sozialgeschichte der Kunst und Literatur‹, S. 90

Hegel, Georg Wilhelm Friedrich, S. 72

Hegewald, Wolfgang, siehe literarisches Thema

Hein, Christoph, H

Heine, Heinrich, S. 57, 62, 64, 74
wurde verboten, mit ihm die Dichtung des Jungen Deutschland, und wie sehr die Zensur dabei selber von schlechtem Geschmack diktiert ist und keinesfalls als Gradmesser für literarische Qualität gelten kann, erkennt man, beispielsweise an dem Fall Gutzkow, der mit ‹Wally die Zweiflerin› ein verbotenes Buch geschrieben hat, das wir getrost ungelesen lassen dürfen. Denn es ist gar nicht mal die politische Brisanz dieses Buches (die uns heute sowieso kalt lassen würde), sondern die moralische Brisanz – und die läßt uns erst recht kalt. Ein weiteres Beispiel wäre ›Die Hose‹ von Sternheim – die kann uns heute überhaupt nicht mehr kratzen und zeigt nur, wie die zeitgenössische Beurteilung einfach noch zu sehr in den speziellen Irrtümern eben dieser Zeit befangen war

Heinrich, Jutta, M

Heinzen, Georg, V

Heller, André, S. 35, 64
Wie sagt Max Goldt: »Die Worte sterben und man kann oft auch ihre Mörder benennen. Das Wort Umwelt zum Beispiel ist von der Waschmittelindustrie umgebracht worden ... Oder die Worte Poesie und Fantasie, deren Mörder ist André Heller«

Heller, Eva, B

Hemingway, Ernest, S. 64, 85
Einmal hat ein Kritiker bemerkt, Hemingway schriebe immer so als trüge er ein Brusthaartoupet, worauf Hemingway vor dem Kritiker seine original behaarte Brust entblößte und ihn anschließend verprügelte – einer der wenigen Fälle, in denen auch ein Kritiker mal etwas riskiert hat

Henscheid, Eckard, S. 44

Hesse, Hermann, S. 27, 58

Hessel, Franz, E

Hildesheimer, Wolfgang, V

Highsmith, Patricia, S. 21, 67

Hölderlin, Friedrich, S. 50, 61, 64

Hofmannsthal, Hugo von, S. 78

»Hornblower, Horacio«, S. 46
Figur aus Romanen von C.S. Forester; ›Leutnant Hornblower‹, ›Hornblower wird Kommandant‹ ... u.s.w.

Husserl, Edmund, siehe Rezeptionsästhetik

I

Ibargüengoitia, Jorge, siehe Allert-Dingenskirchen

Ibsen, Hendrik, S. 68

Irving, John, siehe Roman
Sieht sich selbst als Vertreter des psycho-realism, und verkündet, daß social-realism dagegen dead sei. Tatsächlich haben seine Romane (wenn wir sie doch mal so nennen wollen ...) ein psychologisch durchgestyltes Personal. Es fehlt ihnen dafür etwas an sozialer Wirklichkeit. Also: die Perversionen, die sie so haben, sind ja schön und gut, man fragt sich nur, ob sie davon auch ihren Lebensunterhalt bestreiten können

Iser, Wolfgang, siehe Rezeptionsästhetik

J

Jandl, Ernst, siehe Kleinkunstpreis

Jauss, Hans Robert, siehe Rezeptionsästhetik

Jelinek, Elfriede, S. 39

Johnson, Uwe, M

Joyce, James, S. 51f., 61, 85

Jünger, Ernst, S. 31, 93

K

»K., Gregor«, das wird doch wohl niemand anderes sein als Gregor Keuschling aus Kafkas ›Verwandlung‹

Kästner, Erich, S. 39

Kafka, Franz, S. 49, 51, 61, 76, 85

Kaiser, Georg, S. 63

Kant, Immanuel, siehe ›Wunschloses Unglück‹

Kaschnitz, Marie Luise, siehe Werkstattgeheimnis

Keller, Gottfried, G.

Kempowski, Walter, siehe Belesenheit

Kerr, Alfred, siehe Kritiker

Kettenbach, Hans Werner, S

Kierkegaard, Sören, S. 52, 55, 63

Kieseritzky, Ingomar von, siehe ›Das Buch der Desaster‹

Kinski, Klaus, siehe verunsichern

Kipling, Rudyard, S. 27

Kirchhoff, Bodo, D

Kleist, Heinrich von, S. 61, 64

Klopstock, Friedrich Gottlieb, S. 42, 48

Kluge, Alexander, S. 43, 54
> Der Titel lautet bei ihm ›Der Angriff der
Gegenwart auf den Rest der Zeit‹
Koch, Uwe, V
Koeppen, Wolfgang, S. 51
Kohl, Helmut, S. 11, 28, 38, 73
> Nennt übrigens als Lieblingsautor Kurt
Tucholsky, was den besonders überraschen
wird, der sich über beide getäuscht hat:
Tucholsky hat durchaus Texte geschrieben,
die auch in die Welt von jemanden passen,
der es nicht lassen kann, immer nur »posi-
tive Bilanzen« zu ziehen; Kohl andererseits
ist auch nicht so blöd, wie ihn die vielfälti-
gen Witze und satirischen Texte zu seiner
Person oft erscheinen lassen
Konsalik, Heinz G., siehe **Vielschreiber** und
Simmel
Kühn, Dieter, S. 50
Kundera, Milan, U
Kunert, Günter, S. 42
Kraft, Werner, siehe Härtling
Kraus, Karl, S. 82
Kreisler, Georg, S. 64
Kropotkin, Peter, S. 52
»Krull, Felix«
> Nochmal zum Selber-merken-lassen: Den-
ken Sie doch mal an das berühmte Beispiel
von Thomas Mann (Ihnen kam doch der
Name Felix Krull gleich irgendwie bekannt
vor, oder?) Da, jedenfalls, kann sich der
Held vor dem Militärdienst drücken,
indem er dem untersuchenden Arzt
geschickt genug nahe legt, ihn für dien-
stuntauglich zu erklären, obwohl er sogar
selber behauptet, er fühle sich vollkom-
men tauglich.

L
»Lacan«, Held aus ›Die Sünden der Faul-
heit‹, S. 51
Lacan, Jaques, S.
> französischer Strukturalist, der Freud auf
de Saussure anwendet, um zu zeigen, daß
selbst das Unterbewußtsein kulturell
determiniert ist
Lawrence, David Herbert, F
Leavitt, David, V
Lenin, Wladimir I., S. 93
Lenz, Hermann, siehe Preise
Lenz, Siegfried, S
Lermonatow, Michail, S. 39

Lessing, Doris, H
Lévi-Strauss, Claude, S. 70
> auch Strauss mit diesem o wie in Claude
Lodemann, Jürgen, siehe ›Berlin Alexan-
derplatz‹
Loeffler, Sigrid, S. 39
Loest, Erich, S. 57, 90
London, Jack, S. 85
Lovecraft, Howard Phillips, B
Lüdke, Martin, siehe Härtling
Lukács, Georg, S. 78
> wichtig für die Expressionismus-Debatte,
inzwischen aber nicht mehr angesagt (gilt
als kommunistisch)
Luther, Martin, S. 23

M
Majakowski, Wladimir, S. 68
Mann, Thomas, S. 43, 51, 62, 64
> schreibt, wie jeder weiß, lange Sätze. Gerät
aber ein Satz länger als 20 Wörter lang,
dann haben viele Leser Schwierigkeiten,
dem noch zu folgen (statistisch erwiesen).
Bei Thomas Mann gibt es Sätze, die sogar
locker die 90-Wörter-Marke überspringen.
Bravo!
Mann, die anderen Manns: Heinrich (Idea-
list, blauäugiger!), Klaus, Golo, S. 64
Maupassant, Guy de, siehe Čechov
Marx, Karl, siehe MEW-Ausgabe
May, Karl, S. 20
Melville, Herman, M
Mey, Reinhard, S. 42
Meyer, Conrad Ferdinand: › Schüsse von der
Kanzel ‹, S. 48
McCullers, Carson, B
Mechsner, Franz, V
Messner, Reinhold, S. 83
Meinecke, Ulla, S. 59
Merian, Svende, T
»Mignon«, wo immer sie auftaucht, ist sie
eine Anspielung auf die weibliche Figur
aus ›Wilhelm Meister‹
Miller, Arthur, T
Milton, John, V
Modick, Klaus, W
Möricke, Eduard, S. 68
Müller, Heiner, B. siehe auch Prometheus.
Müller, Wilhelm, siehe Härtling
Musil, Robert, S. 79
> Wie sagte Handke: » . . . der ›Mann ohne
Eigenschaften‹ ist für mich ein bis in die

einzelnen Sätze größenwahnsinniges und unerträglich meinungsverliebtes Werk. Ich empfinde es manchmal als lästig, daß mir diese Bücher die schöne, freie Welt, als die mir die Literatur immer vorschwebt, versperren.« **So** müssen wir über ein Buch reden, wenn wir es **nicht** gelesen haben. Wollen wir auch gar nicht lesen, sowas, da kommen ja Meinungen drin vor

N
Nadolny, Sten, E
  hat neben der ›Langsamkeit‹ noch die ›Netzkarte‹ geschrieben, die vom neuen Weltschmerz auf Rädern handelt und – ergo – aufgemacht ist wie . . . na wie wohl? Genau
Nestroy, Johann, S. 36
Neidhart aus dem Reuental, S. 50
Nietzsche, Friedrich, S. 63
Nossack, Hans Erich, S. 53
Novalis, S. 74

O
Opitz, Martin, S. 56
Orwell, George, siehe normale Menschen
Ovid S. 43, 44, 49, 50, siehe auch unter Günther und unter Ransmayr

P
Papini, Giovanni, E
Pasolini, Pier Paolo, S. 42
Pelzer, Ulrich, S
Piewitz, Arne, I
Pirniçci, Akif, T
Platen, August Graf von, S. 64
Poe, Edgar Allen, U
Poethen, Johannes, siehe Werkstattgeheimnis
Postman, Neil, S. 21
Pound, Ezra, S. 93
  den Hinweis auf Pound verdanken wir keinem geringeren als Botho Strauß: »Die bildenden, die heraufrufenden Kräfte, das Schaffende und Spendende ganz und gar, das Kritische nicht, seien die Felder einer künftigen ästhetischen Lust. Der Gesang, Pound und Rilke abermals, darf nie verstummen!« Oh, welch Deutsch!
Proust, Marcel, S. 67
  »Sobald aber der vernünftelnde Verstand sich daran machen will, Kunstwerke zu beurteilen, gibt es nichts Festes und Sicheres mehr: man kann demonstrieren, was immer man will . . . die Kritik (bleibt) in der Klassifizierung der Autoren bei . . . Moden stehen . . . Diese beständige Verwirrung der Kritik ist so groß, daß ein Schriftsteller beinahe vorziehen sollte, vom großen Publikum beurteilt zu werden . . . « Nur mal so als Zitat, weil Proust so gerne von Kritikern im Schilde geführt wird

R
RR, siehe Reich-Ranicki
Raddatz, Fritz J., siehe **Rolle**
Ransmayr, Christoph, S. 34
Rau, Johannes, S. 79
Reich-Ranicki, Marcel, S. 51, 80
  Eine Anekdote, die er immer wieder erzählt, zeigt, wie wenig er sich selber über seine wahre Rolle im klaren ist. So erzählt er gerne, daß er bei einem Vortrag grüne Vorhänge erwähnt hat und nachher gefragt wurde, was er denn gegen grüne Vorhänge habe, dabei habe er doch gar nichts gegen grüne Vorhänge, die hätte er nur erwähnt, als schlichte Tatsache. Eben. Er merkt nicht, daß eine bloße Erwähnung aus seinem Munde bereits schon eine Kritik ist, eine vernichtende natürlich
Remarque, Erich Maria, H
Richartz, Walter E., B
Rilke, Rainer Maria, S. 61
Rinser, Luise, S. 54
Rühmkorf, Peter, S. 48
Ruoff, Fritz. siehe Härtling
Rushdie, Salmon, S. 25
  auf jeden Fall mit u aussprechen, schließlich ist er kein Engländer

S
Saint-Exupéry, Antoine de, K
Salinger, J.D., siehe Jugend
Saussure, Ferdinand de, siehe Lacan
Schelling, Friedrich Wilhelm Joseph von, siehe Ironie
Schiller, Friedrich, S. 35, 41, 48
Schickele, René, siehe Čechov
Schimmang, Jochen, E
Schopenhauer, Artur, S. 69, 77
Schubert, Franz, siehe Härtling
Schütz, Stefan, siehe Medusa

Schnurre, Wolfdietrich, A

Schmidt, Arno, S. 60, 61, 85

    Hm... als psychoanalytische Studie mögen seine Untersuchungen zu Karl May ja angehen, aber... macht er nicht damit Karl May zu einem Kranken? Seine Werke zeugen nämlich von kaum verdrängten homoerotischen Neigungen, wie Schmidt besonders aus den Landschaftsbeschreibungen herausliest. Man fragt sich aber sofort, was denn wiederum bei Schmidt dahinter stecken mag, wenn er so verbissen versucht, Karl May einen Komplex anzuhängen

Schmidt, Uve, E

Schmitz, Hermann Harry, B

    hat sich mal beklagt, daß alle Leute immer denken, Geschichten, wie er sie so schreibt, wären leicht zu schreiben... sind sie natürlich nicht

Schneider, Peter, S. 48, siehe auch Kritiker

Schwaiger, Brigitte, W

Serner, Walter, S. 42

    hat es gesagt: »Dichtung ist und bleibt ein höherer Schwindel, und ich lege Wert darauf, dies als erster auszusprechen.« Bitte! Serner ist unser Schutzpatron: er hat ein ›Handbrevier für Hochstapler und solche, die es werden wollen‹ verfaßt, und auch der Held aus seiner ›Tigerin‹ ist − natürlich − Hochstapler

Seume, Johann Gottfried, siehe Härtling

Shakespeare, William, S. 49, 61, 63f.

    aber Jane Austen ist noch viel besser

Simenon, Georges, S.85, siehe auch **Vielschreiber**

Simmel, Johannes Mario, siehe Moral

    nennen wir mit Konsalik in einem Atemzug, das ist zwar unfair, aber so üblich bei Leuten, die betonen wollen, daß sie sich da gar nicht erst auf Differenzierungen einlassen wollen

Sillitoe, Alan, E

Sinclair, Upton, S. 21

Sommer, Ernst, D

Süskind, Patrick, P, siehe auch **Rolle**

Spoerl, Alexander, M

Spoerl, Heinrich, s.o.

Stadler, Ernst, S. 72

Sternheim, Carl, siehe Fallersleben

Stevenson, Robert Luis, S. 27

Strauß, Botho, S. 92

Struck, Karin, S. 49f., siehe Stil

Szczypiorksi, Andrzej, siehe Allert-Dingenskirchen

T

Tarkowskij, Andrej, siehe Härtling

Thackeray, William, S. 67

Topor, Roland, S

Tucholksy, Kurt, S. 30

Turgenjew, Iwan, S. 63

Trozki, Lew, S. 48, 93

Tschernyschewski, N.G., W

Twain, Mark, H

U

Updike, John, S. 67

V

Vargas Llosa, Mario, S. 93

Venus, S. 75

Vergil, S. 43

Verne, Jules, S. 66

Vischer, Friedrich Theodor, siehe Ironie

Vogel, Hans Jochen, S. 79

Vogelweide, Walther von der, S. 48

Vonnegut, Kurt, siehe Stil

Vulpius, Christian August, R

W

Wallraff, Günter, S. 21, 39

Walser, Martin, F.

Walser, Robert, S. 67

Watzlawick, Paul, siehe Professor

Wegner, Bettina, T

Wenders, Wim, S. 42

Weiss, Peter, A

Westphalen, Joseph von, siehe Außenseiter

»Wilhelm«, ein jeder Wilhelm aus ›Wilhelm Meister‹

Widmer, Urs, G

Williams, Tennessee, E

Wilde, Oscar, S. 14

Wildman, Faye, Z

Winkels, Hubert, S. 37

Winkler, Willi, siehe Goetz

Wittgenstein, Ludwig, S. 49

Wollschläger, Hans, siehe Reinhaltung und Populärkultur

    Macht es sich ganz leicht: er setzt ganz auf Literatur als Prestigeobjekt durch Anbie-

derung an die Reichen. Seine Bücher
kosten ca. 120,- DM. Ganz klar, daß sich
das nicht jeder leisten kann, und daß
sowas natürlich zweifelsfrei als Literatur
gilt

Endlich richtig
bibelfest